Mallorca

Spaniens schönste Insel neu entdeckt – Auswege aus dem Massentourismus

Liebe Leserin, lieber Leser,

Mallorca ist das beliebteste Urlaubsziel der Deutschen am Mittelmeer und das beste Beispiel für die Entwicklung des Tourismus: Mit dem Wegfall des Visumszwangs 1959 und dem Start der ersten Charterfluggesellschaften in den sechziger Jahren setzte eine beispiellose Rallye auf die besten Plätze an Pool und Strand ein. Heute kommen jährlich allein aus Deutschland knapp drei Millionen Urlauber. Rechnerisch müsste jeder Deutsche schon einmal auf Mallorca Urlaub gemacht haben.

Damit die Insel dem Massentourismus gewachsen bleibt, will die neue Regierung den Raubbau an der Natur verhindern. Gegen Bausünder, und seien sie so prominent wie Boris Becker, wird radikal vorgegangen. Aus Mitteln der *ecotasa,* einer Art ökologischer Kurtaxe, werden Umweltschutzprojekte gefördert. Spät, aber nicht zu spät, haben die Mallorquiner entdeckt, dass die Insel selbst ein größerer Schatz ist als immer mehr Touristen. Dazu lesen Sie in dieser Ausgabe ab **Seite 68.**

Wenn Sie weiter blättern, finden Sie ab **Seite 108** zum ersten Mal den neugestalteten Infoteil. Auf 30 Seiten präsentiert Ihnen die MERIAN-Redaktion praktische und nützliche Informationen über Mallorca, die umgerechnet auf 106,5 Schreibmaschinen-Seiten Platz finden würden. Wenn man bedenkt, dass in einem Reise-Taschenbuch nur 120 Seiten Platz finden, können Sie ermessen, mit welcher Informationsfülle wir Sie ausstatten. Dazu gehört auch die MERIAN-Landkarte zum Herausnehmen, die Sie künftig an dieser Stelle im Heft finden. Auf deren Rückseite sind die wichtigsten Infos aus dem Heft und in dieser Ausgabe ein Stadtrundgang durch Palma abgedruckt. Ich hoffe, dass Sie diesen Service mit Gewinn nutzen können.

Viel Spaß beim Lesen.

Herzlich, Ihr

Andreas Hallaschka
MERIAN-Chefredakteur

HANDGREIFLICHE RECHERCHE Autorin Sabine Knappe im Gespräch mit Obsthändler Antonio Picorell. Über seine Zitronen und den Markt von Santa Catalina erzählt sie auf **Seite 50**

NUR 72 STUNDEN hatte Journalistin Andrea Tapper Zeit für ihre Recherche. Kurzurlaub für drei Tage ist der neueste Trend auf Mallorca: Nirgendwo fühlt man sich so schnell so weit weg. **Seite 32**

MORDILLO AUF MALLORCA Seit 22 Jahren lebt der berühmte Cartoonist und leidenschaftliche Golfspieler auf der Insel. Warum Palma der perfekte Ort der Welt ist, erzählt Mordillo auf **Seite 36**

INHALT

Mallorca

>> Titelthemen

>>SEITE 76

FÜR DEN HOCHADEL
ist Mallorcas Geschichte Familiensache: Ein Bischof aus dem Geschlecht der Torrella liegt in der Kathedrale begraben

MERIAN | Info >>SEITE 108

>>SEITE 16

BILDESSAY

Cala Mesquida bei Capdepera ist einer der 179 Strände der Insel. Und jeder ist anders – Mallorca reizt mit einer Vielzahl verschiedenster Landschaftsformen

>>SEITE 38

DIE HAUPTSTADT PALMA

möchte offiziell auch Kulturmetropole sein. Was im Schatten der Kathedrale gedeiht, sind meist private Stiftungen

>>SEITE 88

RADSPORTLER

lieben die Insel: Hier gibt es Strecken für Profis und jedermann, eine gute Infrastruktur und immer viel zu sehen

>>SEITE 52

SCHAUMPARTY IN ARENAL

gehört zum Urlaub wie Sonne und Sangría: Wer Ballermann bucht, bekommt Spaß all inclusive

>>SEITE 82

URLAUB AUF DER FINCA

ist der Traum vom feinen Leben auf dem Lande für die schönsten Tage des Jahres

Gewinner Goldenes Lenkrad 2002

70 % Querneigung
+ 12-Wege-Komfortsitz
+ 750 Nm Drehmoment
+ Permanenter Allradantrieb

= „Warte, ich bring dich noch bis zur Tür."

Der Touareg

1960

1973

1987

1994

1998

MERIAN bereiste 1960 Mallorca zum ersten Mal. Im Lauf von vier Jahrzehnten erschienen (mit dieser Ausgabe) fünf weitere Hefte

1957

2002

REISEN NACH MALLORCA

Zeitsprung

Zwischen diesen beiden Bildern von der Ankunft eines Flugzeugs (1957) und der Warteschlange vor dem Abflug auf dem Flughafen von Palma (2002) liegen 45 Jahre und die wohl größte Erfolgsgeschichte des Tourismus: Von 300 000 im Jahr auf knapp sieben Millionen stieg die Zahl der Besucher auf Mallorca in diesem Zeitraum. Doch bevor in den Fünfzigern die ersten Chartermaschinen landeten, waren es vor allem Festlandsspanier und Angehörige der europäischen Oberschicht, die Mallorca zur Erholung ansteuerten. Der erste Boom ließ die Zahl der Reisenden bis 1970 auf knapp zwei Millionen steigen. Nach dem Tod Francos und der Entwicklung zur Demokratie begann 1980 der zweite Boom. Heute startet oder landet alle zwei Minuten ein Flugzeug auf dem Flughafen Son San Joan. Geplant sind noch größere Kapazitäten.

SPEZIALITÄTEN **Schmalz**gebäck

Die *ensaïmade,* eine Hefeschnecke mit Schweineschmalz, ist Leckerei und Streitpunkt zugleich: Nur eine, die auf Mallorca gebacken wurde und entweder gar nicht oder mit *cabell d'angel*, der „Engelshaar" genannten Kürbismarmelade gefüllt ist, darf sich *ensaïmade de Mallorca* nennen. Eine Art Qualitätssiegel! Gestritten wird bis heute, wer die *ensaïmade* erfunden hat: Mauren, Juden, Christen? Das Rätsel ist ungelöst, das Rezept aber kein Geheimnis: Zucker, Ei und Mehl, Hefe, Wasser und eben Schmalz. Nach dem Backen wird Puderzucker oben drauf gestreut. Probieren!

VERSTÄNDIGUNG

Mehrsprachig

Auf das Mallorquí, einen Dialekt des Katalanischen mit Entlehnungen aus dem Provenzalischen und Italienischen sowie Rudimenten des Arabischen, sind die Mallorquiner stolz. Kastilisch, die andere offizielle Sprache Mallorcas (landläufig Spanisch genannt), wird zunehmend verdrängt: zum Beispiel verlautbart die Balearen-Regierung fast exklusiv auf Mallorquí. Andererseits stellen sich die Einheimischen, geschäftstüchtig wie sie sind, gern auf ihre Gäste ein und sprechen deren Sprachen. Sich einige Floskeln anzueignen, kann dennoch nicht schaden.

	KASTILISCH	MALLORQUI
Guten Tag! (bis zum Mittagessen)	buenos días!	bon dia!
Guten Tag! (nach dem Mittagessen)	buenas tardes!	bona tarda!
Guten Abend! Gute Nacht! (nach dem Abendessen)	buenas noches!	bona nit!
Hallo!	hola!	hola!
Auf Wiedersehen	adiós!	adéu!
Danke	gracias	gràcies
Bitte	por favor	si us plau
Frühstück!	desayuno	desdejuni
Mittagessen	comida	dinar
Abendessen	sopar	cena

MALLORCA | TOP

UNBEDINGT SOLLTEN SIE...

>>... sich einen halben Tag ins Café Solleric setzen und die Gäste beobachten. Hier kommt jeden Tag jeder vorbei, der in Palma etwas bedeuten will.

>>... zuschauen, wenn der RCD Mallorca spielt. Immerhin kicken die Insulaner in Spaniens erster Liga.

>>... auf der Terrasse des Hotel Formentor einen Afternoon Tea nehmen. Das ist Mallorca de luxe, wie es schon Queen Victoria, Winston Churchill und Audrey Hepburn erlebten.

>>... an einer der lauschigen Buchten der Ostküste gebadet haben, im türkisblauen Wasser geschwommen sein und sich im warmen Sand gesonnt haben.

>>... einmal in Bunyola die Bahn nach Sóller verlassen. Im Herrenhaus Sa Costa gibt es beste mediterrane Küche, die schon Kanzler Gerhard Schröder lockte.

MALLORCA | FLOP

AUF KEINEN FALL SOLLTEN SIE...

>>... in Palma in die Tapas-Bar Bóveda an der Marina Botería gehen. Dort treffen Sie nur Deutsche. Und deren Politiker.

>>... sich zu lange in Andratx oder Cas Concos aufhalten. Da treffen Sie nur die Leute, die Sie schon auf der Kö oder an der Alster nicht sehen wollen.

>>... auf Mallorca überwintern: Von Dezember bis Februar ist es unangenehm feucht und kalt.

>>... an Markttagen erst mittags auf Märkte gehen. Spätestens dann sind auch die Touristenbusse eingetroffen.

>>...im August kommen. Es ist zu heiß, zu voll, zu teuer. Und viele Sehenswürdigkeiten sind geschlossen, weil dann die Mallorquiner Urlaub machen.

10 X BADESPASS

Sommer, Sonne – nie mehr am **Strand** allein

Platja de Palma: Lang, schön und immer rappelvoll

1. Platja de Palma von S'Arenal bis Can Pastilla. Trotz Massenandrang ein prima Strand: kinderfreundlich, da flach, obendrein goldgelber Sand.

2. Sant Elm Nicht nur schön, wenn hinter Sa Dragonera die Sonne untergeht. Sandstrand bzw. Wasserzugang vom Fels.

3. Cala Sanau nördlich Cala d'Or. Von der Straße S'Horta – Cala Serena abbiegen, etwas versteckt. Eher einsam.

4. Cala S'Amonia Der Treppenweg von der Cala Llombards ist manchen zu beschwerlich – daher fast leer, auch im Sommer.

5. Cala Mondragó, S'Amarrador Strände bei Portopetro, kindertauglich.

6. Es Trenc bei Colònia de Sant Jordi. Kaum zu glauben, aber wahr: Der lange, weiße Sandstrand mit Dünen ist so gut wie unbebaut! Nacktbaden erlaubt.

7. Badia d'Alcúdia Lang gezogene Bucht, feiner Sand, flaches, kristallklares Wasser. Richtung S'Albufera auch nicht voll. Familien- und kindgerecht.

8. Cala Torta bei Cala Rajada, Straße nach Artà. Sandstrand, Bucht – und doch will keiner hin? Um so besser.

9. Cala Tuent Schöner Abstecher auf dem Weg nach Sa Calobra: Zum Glück haben viele nur die Serpentinenstraße und den Torrent de Pareis im Sinn. Sonst wäre die Cala übervoll, und das ist sie nie.

10. Cala Portals Vells. Südlich von Magaluf. Stadtstrand der Mallorquiner aus Palma – und die wissen meist, wo's nett ist.

Woher der **Wind** weht

Als Namen von Landschaften, Hotels oder Straßen sind die Winde Mallorcas allerorten präsent. Eine Kurzcharakteristik.

TRAMUNTANA Kalt, scharf und schneidend, türmt er Wellen vor die Steilküste und fönt das Land trocken.

MESTRAL Wo er auftaucht, haben selbst ehrgeizige Regenwolken keine Chance mehr.

GREGAL Zuverlässig nass mögen ihn die Bauern und verfluchen ihn die Touristen.

PONENT Mit kühler Brise dämpft er Sommertage; im Winter hat er oft Regenwolken im rasenden Schlepptau.

LLEVANT Im lauen Gewand, warm sogar im Sommer, kann er sich im Winter bis zur Orkanstärke aufregen.

LLEBETX Die Feuchtigkeit und Wärme der Azoren pustet er über Mallorca hinweg.

XALOC Der Saunawind schiebt feuchte Sommerhitze und kübelweise Winterregen vor sich her.

MIGJORN Im Frühling und Herbst lässt er schlaffe Tage golden glänzen. Im Sommer senkt er heiße Dunstglocken über die Insel.

ZAHLENSPIEL

7 216 223
Touristen besuchten die Insel im Jahre 2001

2 620 964
kamen aus Deutschland

4 500
Millionen Euro gaben sie aus

702 122
Einwohner zählt die Insel

333 801
Einwohner leben in Palma

275 180
Gästebetten sind registriert, Belegungsquote: 87 Prozent

50 000-80 000
Deutsche leben auf Mallorca

20 000
Ankerplätze für Schiffe und Boote in den 42 Häfen

1483
Sportclubs sind registriert, darunter 92 Fahrrad-, 79 Basketball- und 60 Jagdvereine

1443
Meter hoch ist der Puig Major, der höchste Berg der Insel

350
Vogelarten kommen auf der Insel vor, 120 davon brüten dort auch

179
Strände reihen sich um die Insel

15
Golfplätze warten auf Cracks

11
Klöster laden zu Besinnlichkeit und Kunstgenuss

8
Stunden pro Tag scheint die Sonne im Jahresmittel

1
Regentag wird statistisch im Juli erduldet oder genossen

Tausende Kilometer marges, Trockenmauern, durchziehen und schützen die Insel

TROCKENMAUERN **Stein** auf Stein

Der Wert eines Feldsteins wird nach seiner Lage bemessen: als Stolperfalle und Pflugbrecher ist er nutz- und wertlos. In einer *marge,* einer Trockenmauer, hält er den Wind fern, gibt dem Vieh Sicherheit und schafft Grenzen: ein wertvoller Teil des Agrargefüges. Die *marges* stützen Anbauterrassen, zäunen Olivenhaine ein und bremsen die Unternehmungslust der Schafe. Was grob aussieht, ist ein Kunstwerk in sich: Die *marges* werden ohne Mörtel errichtet, sie halten sich aufgrund ihres Eigengewichts aufrecht. Vorausgesetzt, der *marger,* der Maurer, verstand sein Handwerk und hat zwei Außenmauern aus unbehauenen Steinen errichtet, den Hohlraum mit Schotter und Erde gefüllt, schwere flache Steine als Abschluss verwendet und alles mit Hammerschlägen schön ineinander verkeilt.

Marger beherrschen die Kunst der Fuge

SPANFERKEL-ESSEN
Kein **Festtags**braten

Noch vor wenigen Jahrzehnten kam in den bäuerlichen Gegenden Mallorcas kaum Fleisch auf den Tisch. Nur zu besonderen Anlässen wurde ein Ferkel geschlachtet und im Ganzen in der Glut des Holzofens gebacken: *porcelle lechal,* „Milchschweinchen", hat bis heute den Ruf des Unübertroffenen, besonders wenn das Ferkel ein *porc negre* war, ein Schwarzes Schwein. Spanferkel werden heute ganzjährig angeboten:

Viena, Cas Concos, c/. Metge Obrador 13
Tel./ Fax 971 84 22 90.

Celler Sa Premsa, Palma, Plaça Obispo Berenguer de Palou 8, Telefon 971 72 35 29
Fax 971 71 59 04
So geschlossen, Juni-Aug. Sa nur abends.

Mesón La Villa, Esporles, c/. Nou Sant Pere 5
Tel. 971 61 09 91
Mi, So abends und im Juli geschlossen.

Kulinarische Köstlichkeiten: Spanferkel werden in der Glut des Holzofens gebacken

Carsten Hendrich
Entdecker
Als ich 5 war, war es der Familienurlaub mit den Eltern.
Mit 11 Klassenfahrten.
Mit 21 Trampen.
Mit 35 Familienurlaub mit den Kindern.
Und jetzt gehe ich überall dorthin, wo sonst keiner hingeht.
LONG LIVE DREAMS
Die American Express® Karte bietet Ihnen einen Service, mit dem Sie überall auf der Welt in Ihrer Sprache Hilfe bekommen. Beruhigend, vor allem wenn Sie gerade irgendwo sind, wo sonst keiner ist. Um eine Karte zu beantragen, wählen Sie 0 69/97 97 38 38, oder besuchen Sie americanexpress.de
AMERICAN EXPRESS

DER NEUE PEUGEOT 807.
MIT DREI GLAS-SCHIEBEDÄCHERN*.
www.peugeot807.de *optional

Aleppokiefern, Hügel und Felsnasen säumen die idyllische Platja Formentor der gleichnamigen Halbinsel im Norden Mallorcas

Die Insel der Stille

MALLORCA

Schon früh war sie Spielball der Fremden, nichts hier ist mehr unberührt. Doch jenseits von Sonne-Sand-Meer gibt es immer noch das Land hinter der Bühne: die Wildheit und Schönheit der Natur, die Gelassenheit der Menschen. Ein Bildessay von Gregor Lengler

An den Berg geschmiegt scharen sich die Häuser von Valldemossa um das mächtige Kartäuserkloster und die Pfarrkirche von Sant Bartomeu. Auch die berühmtesten Besucher, Frédéric Chopin und George Sand, verfielen dem Reiz der Idylle

Wie norwegische Fjorde schneiden sich die Buchten in die Küste. Die Cala S'Amonia bei Santanyí hat alles, was eine Traumbucht haben muss: glasklares Wasser und feinen weißen Sand

Spitzenklöppeln hat Tradition – auch wenn die Marktware von Sineu keine Handarbeit mehr ist

Uraltes Kulturland: Olivenbäume bei Valldem

Winzer bei Porreres. Seit Römerzeiten wird hier Wein angebaut

Bei gemäßigt subtropischem Klima entfaltet sich die Natur am schönsten im primavera de s' hivern, dem „Frühling des Winters". Dann öffnen sich Millionen von Margeriten- und Mohnblüten

Selbst in kleinen Gärten dominiert die Farbe Grün – für die Mauren die Farbe des Lebens

Ca'n Mo

Die Plaça Major ist das Zentrum jeder mallorquinischen Kleinstadt, und die von Pollença ist eine der lebhaftesten. Ihre Weite und Größe kontrastiert auffällig zum Gewirr der umliegenden engen Gassen

Das Besondere an Mallorca ist die Vielzahl der landschaftlichen Facetten. Gleich einer Anthologie präsentiert hier die Natur ihre erlesenen Sammelstücke auf kleinstem Raum

Cala Matzoes nördlich von Artà: An der Küste wachsen genügsame Pflanzen wie die Mittelmeerstrohblume

Porreres – ein stiller Marktflecken mit gewaltiger Pfarrkirche

Die feinsandige Cala Font Salada: Östlich von Can Picafort gibt es noch viele einsame Buchten

Pollença vereint alle Vorzüge Mallorcas. Die Stadt liegt in einem weiten Tal am Fuß der Tramuntana und in Sichtweite des Meeres

Inmitten der herben Garrigue-Landschaft der Tramuntana, südlich des Puig Roig, liegt das verlassene Quarter dels Carabiners. Hier war bis in die sechziger Jahre die Guardia Civil stationiert. Sie sollte den Schmuggel an der Küste unterbinden

Buon dia! Wirtsfamilie Monserrat aus Porreres

Die Lieblingsinsel der Deutschen hat sich emanzipiert. Das bereitet Probleme wie in jeder guten Beziehung: Von neuem Herz- und Schmerzleid erzählt Jochen Siemens

Eine Liebe MALLORCA

Es ist wie einer dieser Abende, die man erlebt, wenn man schon lange eine schöne Frau liebt. Man kennt sich, man weiß um die Schwächen des anderen, Streit gab es noch nie. Und dann kommt man nach Hause, und sie sagt: „Du verstehst mich nicht!" – „Aber du hast gestern doch gesagt, dass …?" – „Siehst du, das hab ich ganz anders gemeint. Du hörst mir nicht zu", und so weiter. Beziehungskrach, der erste Sprung im Porzellan der Liebe. Vielleicht fliegen Teller, geht einer wütend fort, vielleicht verträgt man sich im Morgengrauen wieder, und im ersten Tageslicht schaut man die Frau an – und dann ist sie noch immer die Schönste, die Begehrenswerte. So wie diese Liebesgeschichte muss man sich die Beziehung zwischen Mallorca und seinen deutschen Besuchern und Bewohnern vorstellen. Denn zum ersten Mal nach fast 45 Jahren inniger Liebe gibt es Knatsch. Beziehungsprobleme.

Es wäre übertrieben, sich nicht mehr willkommen zu fühlen, wenn man auf dem Flughafen Palma landet. Niemand steht dort, der uns Deutsche zum Teufel wünscht. Die Luft ist warm, die Palmen ragen in den blauen Himmel, und die Bus- oder Taxifahrer sind so freundlich oder brummig wie immer. Man spürt es erst später: Im Hotel wird im Schnitt ein Euro pro Kopf und Tag Ökosteuer kassiert. Wer sich im Leihwagen nicht anschnallt, muss 300 Euro Buße zahlen, wer falscht parkt, bekommt ein dickes Ticket. Wer Hausbesitzer ist und seine Mauer einen Meter höher bauen oder außen ein Kabel verlegen will, muss zum Rathaus und dies genehmigen lassen. Am Ballermann muss die Musik außen um Mitternacht abgeschaltet werden. Eine simple Paella kostet 20, eine lächerliche Autoreparatur 200 Euro – sobald der Mechaniker das deutsche Nummernschild gesehen hat.

Sicher, vieles davon ist in Deutschland nicht anders: Es gibt in jedem Nordseebad die Strandsteuer „Kurtaxe", und Mauern darf hier auch niemand willkürlich hochziehen. Doch es sind die Regeln und Zwänge einer einst zwangslosen und sich selbst regelnden Insel, die das schöne erholsame Leben auf einmal sperrig machen.

Die schlechteste Antwort darauf ist: „Was soll das? Ihr lebt doch von uns!" Denn welchen Einheimischen würde es nicht kränken, wenn man ihn nicht als Bewohner seiner Heimat respektiert. Sondern eben nur als Kellner, Vermieter, Dienstleister – als notwendiges aber gesichtsloses Personal in einem Land, in das andere das Geld bringen? Genauso missverständlich war die Liebe zwischen Deutschen und Mallorquinern der vergangenen Jahre.

Die Insel hat gerade mal 700 000 Einwohner. 7 Millionen Touristen kamen im Jahr 2001, 50 000 Deutsche haben sich in Apartments und Fincen niedergelassen, sind zwischen die Bauernhöfe und in die alten Gassen der Dörfer gezogen. Nicht als Einwanderer, nicht als Gäste – sondern als Deutsche. „Geben Sie mir ein Viertel Hack, por favor", hört man noch heute in den Schlachtereien auf dem Land, wenn die Frau des Düsseldorfer Autohausbesitzers persönlich einkauft. Und: „Nee, euch spanischen Heimwerkern trau' ich nicht, da muss mal deutsche Wertarbeit her", wenn Finca-Besitzer dem mallorquinischen Klempner erklären, warum ein deutscher Meister mit seinen polnischen Gesellen eingeflogen werden muss. Welche Frau lädt schon gern einen Geliebten ein, der sich einen eigenen Stuhl, sein eigenes Essen mitbringt, den ganzen Abend nur seine Sprache spricht? Und nur am Busen – am Strand – der Gastgeberin liegen will? Dies belastet die größte Liebe.

Mallorca, die Geliebte, wehrt sich. Sie faucht, sie schreit; sie will, dass man sich die Schuhe an der Tür auszieht und auch mal abwäscht. Der Geliebte wundert sich, denn es war doch alles so schön und so einfach. Hatte man ihr nicht jeden Abend genügend Geldscheine auf den Tisch gelegt? Hatte man nicht die besten Freunde mitgebracht und bis zum Morgengrauen gefeiert, um allen zu zeigen, wie wohl man sich hier bei ihr fühlt?

Interessant ist: Jahrelang duldete der Mallorquiner die Saufgelage am Ballermann. Betrachtete die Deutschen ein wenig ratlos und distanziert zweifelnd, wie eine fremde Ethnie. Bis Bernd Eichinger mit seinem Film „Ballermann 6“ öffentlich und ganz Europa zeigte, welche Hottentotten da am weißen Strand in Sangría-Eimer rülpsen. Das ist so, als ob man im Wohnzimmer der Geliebten eine Orgie feiert, Rotwein in die Blumen gießt, alles filmt und es anschließend ins Internet stellt.

Wer heute nach Mallorca fährt, sollte wissen, wie dünn die Nerven sind. Wie sehr der Stolz verletzt wurde. Claudia Schiffer beispielsweise hat versucht, den Mallorquinern einen Wanderweg zu enteignen. Sie wollte, ganz verständlich, Privatheit. Aber die Mallorquiner auch – ein öffentlicher Wanderweg in einer von Deutschen eingekauften Gegend ist ihre Privatheit, auch dies ganz verständlich. Sie protestierten, wer täte das nicht? Die Geliebte Mallorca ist verletzt, gekränkt, schmeisst Teller an die Wand und brüllt. Vielleicht auch mal „Raus!“

„Der Pauschaltourismus soll um 20 Prozent sinken“, sagte Tourismus-Minister Alomar im Jahr 2002. Buchungen für Mallorca gingen um bis zu 15 Prozent zurück, viele Kellner wurden arbeitslos, die andalusischen Saisonarbeiter wurden erst gar nicht gerufen, manch einer zog wieder auf das heimatliche Festland, und über Winter werden viele Hotels geschlossen bleiben: Bulgarien und die Türkei bieten billigeres Urlaubsvergnügen.

Doch die Wirtschaft der Insel ist zu 80 Prozent vom Tourismus abhängig, eine fatale Situation. Jetzt wird nach Sündenböcken gesucht, ist jeder an der Krise Schuld: Die Regierung, die Touristen, die Residenten, die Presse. Absurd, denn alle kommen gern, haben gern Gäste, die sich gut benehmen und ebenso gut zahlen. Eine klassische Beziehungskrise eben.

Und dass ein paar in Deutschland gescheiterte Handwerker – die schlechten Maurer, die müden Klempner und teuren Maler, die mit deutschem Qualitätssiegel werben – nun endlich pleite gehen und wieder davonziehen, ist auch eine gute Nachricht. Denn mein mallorquinischer Klempner kommt noch abends um zehn Uhr, um mit Klebeband und einem Draht die Heizung zu reparieren. „Ist nicht ganz nach Vorschrift, aber sagen Sie es keinem weiter“, lacht er, raucht eine Zigarette und trinkt noch ein zweites Glas *herbes*. So kann man sich auch wieder vertragen. Wie mit einer schönen Frau, wie mit Mallorca. Der Geliebten. □

Jochen Siemens, *Jahrgang 1958, arbeitet als Autor für den* Stern. *Er besitzt ein Haus auf Mallorca.*

Gregor Lengler, *1959 geboren und Fotograf, kennt die Balearen von vielen Reisen. Diesmal fuhr er 3000 Kilometer, um sein Verständnis von Mallorca als Insel der Stille festzuhalten.*

Ferienglück an der Cala de Deià: nur ein kleiner Kiesstrand, doch ein exzellentes Tauchrevier

Nur 72 Stunden

Um 17 Uhr die Wohnung in Hamburg verlassen, um 21 Uhr bereits ein Dinner am Meer genießen: Mallorca wird als Ziel eines Kurztrips immer beliebter. Wie viel Insel sich in 72 Stunden packen lässt, hat MERIAN ausprobiert

Text: Andrea Tapper, Fotos: Knut Müller

Vom Flughafen nach Palma fix über die Autobahn …

… vom Hotel ist's nicht weit bis zum Strand von Portixolet …

>> Freitagabend, 17 Uhr

Tür zu, Schlüssel rum. Im Nieselregen zum Hamburger Flughafen. Es ist 13 Grad feuchtkalt.

>> Freitag, 21.20 Uhr

Das Essen ist angerichtet: *pa amb oli,* mit Olivenöl beträufeltes Weißbrot, Krabben-Curry mit Koriander, dazu ein heimischer Jaume Mesquida Cabernet Sauvignon. Der Leihwagen parkt bereits vor der Tür, vor dem Swimmingpool des Hotel Portixol direkt am Meer spielen drei spanische Mädchen Fangen. Auf Mallorca hat die Dinnerzeit gerade begonnen.

Statt Nieselregen draußen sitzen im Oktober. Es ist 20 Grad warm, doch die gefühlte Temperatur liegt weit höher, so etwa am Siedepunkt der Entspannung. Wie schnell das doch geht. Mit nicht mehr Zeitaufwand, als wir gebraucht hätten, vom Büro nach Hause zu fahren, zu kochen und den Tisch zu decken, sind wir im Mittelmeer gelandet. Wollen für 72 Stunden Sonnen-Feeling dort auftanken, wo eine perfekte Infrastruktur solche Kurztrips leicht und lohnend macht.

Mallorca: Nirgendwo sonst kann man sich so schnell so weit weg fühlen.

Es ist ein neues Mallorca-Phänomen: Erst Putzfraueninsel, dann wiederentdecktes Luxus-Revier der Schönen und Reichen, jetzt Wochenend-Destination. „Die Insel wird für Kurzurlaube immer beliebter", sagt Brita Schleinitz vom Spanischen Fremdenverkehrsamt in Deutschland. Durchschnittliche Verweildauer: 7,6 Tage.

Auch Freizeit braucht ein wenig Logistik, so planen wir beim Abendessen die nächsten 72 Stunden. Oh, privilegiertes Fachsimpeln! Wer am Donnerstagabend anreist (und den Freitag frei hat), kann den Einstiegstag als Strandtag nutzen und sich erst einmal fallen lassen. Wer am Freitagabend loskommt, wird den Samstag vielleicht schon zum Shoppen oder für eine Kunst-Tour ansetzen wollen. Los ist immer was und an diesem Wochenende: Weinfest in Binissalem, Van Morrison in der alten Stierkampfarena von Palma, virtuelle Shows im neuen Kulturzentrum von Michael Douglas in Valldemossa. „Stopp", sagt da plötzlich eine Stimme, die wir als unseren Inneren-Stress-Beobachter (ISB) schätzen lernen, und nuschelt in den zweiten

Rotwein trivialen Unsinn von Salz, Haut, Biokurve und „bloß keine Termine“.

>> Freitag, 23 Uhr

ISB kann sich nicht durchsetzen. Vom Hotel Portixol am östlichen Rand Palmas sind es nur fünf Autominuten zum Hostal Corona, einer hundert Jahre alten Villa im Viertel Es Terreno zwischen Yachthafen und Castell de Bellver. Spanische Szene drängt sich zwischen indischen Lampions und Terracotta-Öfen im Garten des mallorquinischen Künstler-Ehepaars Cristóbal und Margarita Navarro, die aus dem Familienerbe einen Treffpunkt für Studenten, Künstler, Wissenschaftler, Airline-Crews und Urlauber ge-

... zum Weinfest nach Binissalem ...

macht haben. Déjà-vu als Entspannungsmoment: Cristóbal selbst steht am Tresen, Margarita zaubert Couscous und *sopas mallorquinas* in der Küche. Allabendlich ist das Bistro mit Weingarten und acht Zimmern für jeden geöffnet, doch im Dezember schließen die Besitzer ihr Haus und ziehen für zwei Monate um die Welt. Im Corona hat schon so mancher kein Ende finden können – für uns ist es ein fröhlicher Start ins Insel-Wochenende.

>> Samstag, 10 Uhr

Die Füße ertasten den Wollteppich der ganz in Weiß gehaltenen Zimmer des Portixol, die Hände öffnen dunkelblaue Jalousien, Fischer im Hafen von Portixol rufen sich Kommandos zu, im zimmereigenen CD-Spieler schlummert Van Morrisons „Spanish Rose“. Zwei Jahre lang haben Johanna und Mikael Landström, ein Hotelier- und Designer-Ehepaar aus Stockholm, den Hafen-Kubus mit 23 Zimmern restauriert und aus einer traditionellen Fischerkneipe der sechziger Jahre ein trendiges Hotel gemacht – ein Haus am Meer, dekoriert in skandinavischer Schlichtheit und den Farben des Mittelmeers. Bereits seit seiner Eröffnung 1999 wird es zu den schönsten internationalen Design-Hotels gezählt.
Das Portixol, am Kai des gleichnamigen Viertels zwischen Palma und S'Arenal gelegen, ist aber auch ein Beweis dafür, dass Mallorca, obwohl bis ins letzte Sandkorn durchforscht, immer noch die Fähigkeit hat, sich neu zu erfinden. Die Gegend mit den gedrungenen Häusern gilt als kommendes In-Viertel. Wir erkunden sie auf Leihfahrrädern bis zum Stadtstrand Ciutat Jardí, könnten noch bis S'Arenal weiterstrampeln. Wer Naturstrand liebt, mag den Strand Es Trenc vorziehen, doch dafür brauchen wir das Auto. Mein ISB ist bereits happy und streckt bei 26 Grad selig die Zehen in den Sand.

>> Samstag, 16 Uhr

Was ist nur aus Miró geworden? Der Kultur-Trip am Spätnachmittag beginnt skandalös: 22 kahle Flächen gähnen im einstmals schönen Miró-Museum, das jetzt in die Mühlen eines Zwists zwischen der Familie des berühmten katalanischen Künstlers und der Stadtverwaltung geraten ist. Erfrischend international dagegen die mediterranen Motive junger Künstler in der Galerie L'unico von Sabine Broekmann und Volker Heiner hinter dem Parlament. Apfelbilder des Berliner Künstlers Andreas Schiller sind dabei, der seine Stillleben in altmeisterlicher Technik bereits in New York ausgestellt hat; Eisentiere und Pergamentlampen des Argentiniers Carlos Matesanz, der auf Mallorca lebt. Endlich ein gelungener Designfund auf der Insel. Ab 80 Euro gibt es Originale, die an die Heimatadresse geschickt werden.

>> Samstag, 20.30 Uhr

Zum Glück! Die neu erstandene Pergamentlampe unterm Arm hätte den Sprint in die Nacht doch erheblich beschwert: Am Castell de Bellver, dem Wahrzeichen Mallorcas hoch über der Stadt, wollten wir eigentlich nur den Son-

... Traumpanorama zwischen Deià und Sóller ...

nenuntergang bewundern und geraten in der gotischen Festungsanlage in eine Hochzeitgesellschaft. Zur Mitternacht bezaubern uns die Logen der antiken Stierkampfarena fast noch mehr als Van Morrison, aber ohne ihn wären wir nie in eine Stierkampfarena geraten! Ein südafrikanisches Skipper-Pärchen, das Yacht-Touren rund um Mallorca organisiert (vielleicht beim nächsten Mal), empfiehlt das klitzekleine Jazz-Café Barcelona hinter der Börse. Ein Kenner-Tipp: Plüschpuffs, Tischleuchten, zuvorkommende Bedienung – nie würde man hier ahnen, dass es auf Mallorca überhaupt Massentourismus gibt.

>> Sonntag

Die Kommunikation mit ISB erreicht trotz leichter Angeschlagenheit philosophischen Level. Statt des Wie-langehaben-wir-noch-Syndroms – bei 14 Tagen Urlaub etwa ab der Halbzeit üblich – tritt das Sind-wir-wirklich-erst-36-Stunden-hier?-Phänomen auf. Und erhärtet unsere These, dass die ersten Urlaubstage ohnehin die intensivsten sind, deren inspirierende Wirkung mindestens ebenso lang hält wie der Erholungseffekt nach zwei Wochen Faulenzen. Shut up, sagt ISB und verlangt nach einem Ausflug. Kann er haben: Valldemossa, Chopin-Zufluchtsort, Bergpanorama und neuerdings auch Wirkungsstätte des US-Schauspielers Michael Douglas, der im Ort ein Kulturzentrum ge-

… und noch eine Prise Sonne-Meer-Sand in Es Trenc

schaffen hat. Noch ein wenig unausgereift wirkt die Disney-Version einer Reise in die Geschichte, Flora und Fauna des Landes. Treibende Kraft des Unternehmens ist ohnehin nicht Douglas, sondern seine Ex-Frau Diandra, die Vorgängerin von Catherine Zeta-Jones. Als Tochter amerikanischer Bohemiens auf Mallorca aufgewachsen, ist sie eine beliebte und einflussreiche Öko-Botschafterin der Insel geworden. Dass sie ein großes Herz hat, hat sie den Mallorquinern ebenfalls bewiesen: Auch nach der Scheidung teilt sie mit ihrem Ex-Gatten die gemeinsame Luxus-Residenz S'Estaca an der Nordküste.

Doch der spektakuläre Blick auf Bergrücken, die hier ins glitzernde Meer fallen, ist nicht der Privatbesitz des Douglas-Clans allein. Den bietet auch das Bens d'Avall, ein Feinschmecker-Klassiker ganz in der Nähe zwischen Sóller und Deià; erwachsen aus einer *bocadillo*-Bude, die der Vater des jetzigen Küchenchefs Benito Vicens Mayol hier betrieb. Genau der richtige Platz für ein Edel-Lunch, genau der richtige Tag, um damit wie die Mallorquiner aufs Angenehmste den ganzen Sonntagnachmittag zu vertrödeln. „Benito wollte einfach mal was anders machen als Sandwiches", erzählt seine Frau Catalina Cifre Llado, während wir schmausen. Der Autodidakt ging auf Reisen, um Köchen der Welt in die Töpfe zu schauen. Das Ergebnis: Selten verlässt jemand vor 17 Uhr sein Sieben-Gänge-Mittagsmenü, um schließlich – wir diesmal mit offenem Verdeck – über die Serpentinenstraße in einen geruhsamen Abend davonzugleiten.

>> Montag

ISB meckert. Wir haben noch nicht eingekauft, wollen noch mal an den Pool. Was soll die Aufregung, bis zum Abflug um 20.05 Uhr liegt noch ein Drittel des Urlaubs vor uns! Zeit genug, das Traumkleid im Laden des spanischen Designers Angel Schlesser zu erstehen, der durch sein Herrenparfüm „Angel Schlesser Homme" international bekannt wurde; Zottelfellmantel und Cordjacket im Modehaus Zara am Born für den daheim gebliebenen Nachwuchs (das hiesige Angebot ist größer als zu Hause); eine ägyptische Glastraubenlampe im Antik-Laden Ross von Rosa Garcia, einer Fundgrube für Antiksammler am Markt von Santa Catalina, wo wir schließlich auch noch den gewichtigsten aller Einkäufe tätigen: zwei Kilo (!) Gambas für 18 Euro. Sie werden uns helfen, das Mallorca-Gefühl nach Hamburg mitzunehmen – für mindestens weitere 72 Stunden. ☐

MERIAN | TIPP Alles in drei Tagen

FREITAG

Hotel: Portixol
Carrer Sirena 27, Palma (Portixol), Tel. 971 27 18 00, www.portixol.com, DZ/F ab 165 €, EZ/F ab 115 € Neues Design-Hotel mit 23 Zimmern und Pool in der Nähe des Zentrums und direkt am Meer.

Bar: Hostal Corona
c/.Josep Villalonga 22, Palma (Es Terreno), Tel. 971 73 19 35, hostalcorona@hotmail.com EZ/DZ 42-66 € Lebhaftes Low-Budget-Hotel in alter Villa mit schönem Garten, öffentlichem Restaurant und Bar.

SAMSTAG

Strand: Portixol bis S'Arenal
Die stadtnahen kleinen Strände im Osten von Portixol über Ciutat Jardí bis hin zur 5,5 km langen Sandmeile Platja de Palma sind in der Nebensaison angenehm leer.

Strand: Es Trenc Erreichbar über Campos, Ses Covetes, Sa Ràpita: Naturstrand mit Dünen und zuweilen wildem Wellengang. Ab Mitte Mai Hochbetrieb mit kleinen Strandbars. FKK, Parkgebühr.

Kunst: Galerie L'unico
Carrer Sant Sebastià 3, Palma (Altstadt), Tel. 971 72 87 96 Deutsche Kunst- und Designgalerie, deren Angebot erfreulich professionell ist im Vergleich zur mallorcaüblichen Hobbykunst: mediterrane Motive internationaler junger Künstler zu erschwinglichen Preisen.

Musikbar: Café Barcelona
c/.dels Apuntadors 5, Palma (Llonja), 21-4 Uhr Kein Café, sondern Palmas netteste, winzige Live-Jazz-Bar mit Plüschpuffs und Tischleuchten. Wechselndes Programm, Musikbeginn 22.30 Uhr.

SONNTAG

Kultur: Centro Cultural Costa Nord Valldemossa, Tel. 971-61 24 25, www.costanord.com, Di-So 10-18 (Nov.-Apr.), 10-24 Uhr (Mai-Okt.), Mo geschl., Eintritt 6 € Michael Douglas' Öko-Hommage an die Insel: eine Art Geschichts-Geisterbahn plus Pflanzenkunde und Filmshow. Freitags Live-Musik im angeschlossenen Nixe Club.

Restaurant: Bens d'Avall
An der Straße zwischen Deià und Sóller, Tel. 971 63 23 81 Einheimische Spitzenküche mit internationalem Touch zu bezahlbaren Preisen inklusive Traumblick aufs Meer.

MONTAG

Mode: Angel Schlesser
c/.Sant Nicolau 20, Palma (Altstadt), Tel. 971 71 82 73 Couture der bekannten spanischen Modedesignerin.

Deko und Antik: Ross
c/.Annibal 20 (Santa Catalina), Palma, Tel. 971 45 83 98 Fundgrube für Lampen, Perlmuttbesteck, antike Schränke.

>>> weitere Tipps im Magazin-Teil ab Seite 108

Einfach aussteigen!
Hapag-Lloyd
World of TUI

Mallorca ist das perfekte Nirgendwo

Bekenntnisse des Cartoonisten Guillermo MORDILLO

Mit meinen Knollennasen, Giraffen und Elefanten lebe ich in einer Zeitmaschine, mit der ich die verschiedensten Orte zu unterschiedlichen Jahreszeiten ansteuern kann. Vorausgesetzt, es gibt dort einen abzudunkelnden Raum mit Zeichentisch und einen Golfplatz. Mallorca erfüllt diese Bedingungen. Hier verbringe ich viele Monate des Jahres, früher sogar ganze Jahre.

Was es ist, was mich an diese Insel bindet? Das alte Europa in einem prächtigen, Aufsehen erregenden Kleid, die geographische Lage. Das Klima mit den meisten Sonnentagen Europas und den wenigstens grauen Stunden. Die alte stolze spanische Seele, gepaart mit der avantgardistischen Aufbruchstimmung all derer, die hierher kommen, um vom Norden in den Süden zu ziehen oder vom Süden in den Norden. Mallorca ist immer ein guter Ausgangspunkt, um die Ausrichtung zu ändern.

Nirgendwo sonst kann man an einem Tisch sitzen und ist als Ausländer garantiert keine Minderheit: Deutsche, Lateinamerikaner, Briten, Franzosen, Russen – Palma wird immer mehr zu einem Salon im europäischen Haus, in dem sich nachmittags die Bewohner zum Tee treffen.

Für mich als Argentinier, der seine kulturellen und familiären Wurzeln in Europa hat, aber jenseits des Atlantiks aufwuchs, gibt es keinen anderen Ort, an dem ich mich mehr zu Hause fühle als Mallorca. Das perfekte Nirgendwo.

Schon als junger Mann liebte ich es, in Buenos Aires durch die Straßen zu spazieren. In Palma habe ich diesen Genuss wiedergefunden: sich ohne Auto bewegen zu können, sich durch die Straßen treiben zu lassen wie durch Jahrhunderte, die Wege von Menschen zu kreuzen, die wie ich von irgendwo her kommen.

Der geeignete Ausgangspunkt für einen Spaziergang durch die verschlungenen Gassen der Altstadt ist für mich das Café Bosch an der Plaça del Rei Joan Carles. Drinnen ist es wie in den Sechzigern, mit Fotos vom alten Palma, schnaufenden Kaffeemaschinen, den besten *bocadillos* der Stadt und Kellnern im Frack, die seit Jahrzehnten immer das selbe Gesicht aufsetzen – kühl lächelnd oder gleichgültig in die Ferne blickend. Stundenlang lasse ich hier die Zeit an mir vorbeiziehen, ehe ich mich draußen in das Getümmel fallen lasse.

In den Sommermonaten gleicht die Altstadt Palmas oft einem Jahrmarkt. Manchmal stelle ich mich einfach in die Menge an der Plaça Major und frage mich, mit wem ich mich unterhalten könnte, wer würde mir eine interessante Geschichte erzählen? Und ich sage Ihnen, es sind viele: das Mädchen zum Beispiel, mit strähnigem, nach hinten gebundenen Haar, das Touristen zeichnet – ob sie damit ihre Familie ernährt, oder finanziert sie so ihr Studium? Der versunken dreinblickende Spaziergänger, der einem Roman Gustave Flauberts entsprungen sein könnte. Die Tänzer, die einen Tango hinlegen, wie ich ihn besser nie gesehen habe.

Ich reise viel und bin doch kein Tourist. Denn ich reise nur dorthin, wo ich auch arbeiten kann. Das Zeichnen ist für mich Kommunikation, und welcher Mensch kann schon lange ohne Kommunikation leben. Meine Kinder sind auf Mallorca aufgewachsen, meine Tochter hat hier geheiratet. Ganz in der Nähe von Palma habe ich eine Wohnung im Dreieck zwischen Meer, Palma und Golfplatz. Auf dem Golfplatz Santa Ponça gibt es sogar eine Mordillo-Insel, eine wirkliche Insel in Form einer Palme, wie ich sie immer vor mir sah und tausendfach gezeichnet habe. Nun ist sie ein von Enten bewohntes Stück Realität.

Das alles verbindet mich mit Mallorca. □

Guillermo Mordillo, *geb. 1932 in Argentinien, ist gelernter Kinderbuchillustrator und Trickfimzeichner. 1966 veröffentlichte* Paris Match *seine ersten Cartoons, von da an wurden sie weltweit bekannt. Im Lauf seiner Karriere erhielt Mordillo zahlreiche Preise.*

Schon mehr als zwei Jahrzehnte lebt der Zeichner der berühmtesten Knollennasen der Welt auf Mallorca. Die Insel bietet Mordillo Unverzichtbares: einen Zeichentisch, (rechts mit Prototyp einer Figur) und den Golfplatz Santa Ponça II (links), wo er eine künstliche Insel als Mordillo-Palme gestaltete

Die Opulenz des reinen Stils: Die Edifici Casasayas an der Plaça Mercat entstanden 1908/11. Am Bau dieser beiden Häuser war der berühmte Jugendstilarchitekt Guillém Reynés beteiligt

Palma

Der unaufhaltsame Aufstieg zum Weltstädtchen

Der Verkehr wird dichter, das Ambiente dünner. Das Lebensgefühl in La Ciutat pendelt zwischen Dorf und Metropole

Text: Thomas Fitzner, Fotos: Klaus Bossemeyer

Palmas erste Adresse für spanische und mallorquinische Avantgardekunst: Die Galerie Gianni Giacobbi mit Arbeiten des Künstlers José Sanleón

Hinter dem Yachthafen, um die Kathedrale von Palma, gruppiert sich einer der größten historischen Stadtkerne Europas. Die Bausünden halten Abstand zur Altstadt

Palma – Stadt der Geheimnisse,
der Unterbodenströmungen und
der Gespenster der Vergangenheit

Der Passeig des Born ist das Herz Palmas. Eine Allee der Flaneure, der Feste und Demonstrationen: Hier treffen sich die Palmesaner im Karneval, treiben erboste Bauern ihr Vieh gegen Brüssels Agrarpolitik

Das Palais Can Marqués in der Nähe der Kathedrale ist das einzige Herrenhaus Palmas, das Einblick gewährt in die Wohnkultur der Gesellschaft des 19. Jahrhunderts. Hier finden auch Ausstellungen statt

Streng und doch verspielt präsentiert sich diese Hausfassade an der Sant Domingo: Auch für den modernisme, die katalanische Variante des Jugendstils, sind ornamentale Linien und Vorbilder aus der Natur typisch

Puig de Sant Pere ist das alte Viertel der Boots- und Schiffsbauer, der Fischer und Seeleute. Die Häuser in den engen Gassen stammen aus dem 14. Jahrhundert, als Mallorcas Matrosen als die besten auf den westlichen Meeren galten

Cooles Café in La Caixa, einem Kulturzentrum, das seit 1992 auch Teil des Weltkulturerbes ist. Die namensgebende Sparkasse hatte das frühere Nobelhotel 1987 erworben und aufwändig restauriert

Einige Säulen und Reste von Warmluftschächten und Wasserleitungen der Banys Àrabs in der Carrer Can Serra sind die wenigen Relikte der maurischen Badehauskultur des 10. Jahrhunderts

Kultur, das ist für Joan Pascual unter anderem, wenn die Gegenwart sich mit der Vergangenheit konstruktiv und respektvoll auseinandersetzt. Nicht durch sie hindurchfräst. Der städtische Beamte sitzt in dem heruntergekommenen Herrenhaus Can Weyler im Pfarrbezirk Santa Creu. An den Wänden zeichnen sich zugemauerte gotische Bögen ab, auf Schreibtischen, in Wandschränken stapeln sich die Dokumente eines Kampfes: In seiner Freizeit arbeitet Joan Pascual als Sekretär von ARCA, der „Associació per a la revitalització dels centres antics“. Ursprünglich gingen deren Mitglieder nur für den Erhalt alter Mauern auf die Barrikaden. Doch mittlerweile betreibt die Vereinigung zum Schutz historischer Architektur auch Stadtkultur und -forschung. Also auch historische Selbstfindung.

Die Situation ist symptomatisch für Palma: Hier steckt oft mehr dahinter oder darunter, als es den Anschein hat. Denn manchmal ist *La Ciutat* eher Dorf, manchmal mehr Metropole – provinzieller Kleingeist und Weltkultur existieren hier Tür an Tür. Zudem ist Palma eine Stadt der Geheimnisse, der Unterbodenströmungen und der Gespenster der Vergangenheit.

Aber vor allem eine der in die Irre führenden Fassaden.

Als bestes Beispiel dient das Casal Solleric, nur wenige Minuten von Can Weyler entfernt und in der Vergangenheit auch von ARCA als Modell einer Wiederbelebung der alten Architektur gefeiert: Es ist das Kulturzentrum der Stadt, aber auch Powerhouse der Gegenwartskunst und ein vor dem Verfall gerettetes Stück des historischen Palma. Ausgerechnet dieses Casal Solleric streckt dem Publikum sein Hinterteil entgegen: typisch Palma.

Die italienisch inspirierte Prachtfassade zum Passeig des Born hin war die Rückseite des Hauses, weil die heute so elegante Allee früher ein Wasser- und Abwasserlauf, dann ein staubiger Festplatz war. Also befand sich der Vordereingang in der winzigen Gasse Sant Gaietá. Dort entspricht die Fassade dem klassischen palmesanischen Stil, ist nüchtern und abweisend wie all jene Herrenhäuser, die aus den Altstadtgassen düstere Schluchten machen – nur gelegentlich den Blick auf einen Patio freigeben und eine Ahnung vom Luxus vermitteln, der sich hinter dem Understatement verbirgt.

Im Patio jenes Casal Solleric versammelten sich im November 2000 zornige Galeristen, Maler, Musiker, Schauspieler, um gegen die Kulturpolitik der Stadt zu demonstrieren. Kein Ort war geeigneter, denn das Haus symbolisiert alle Widersprüche Palmas.

Gebaut wurde das Casal Solleric von einem Landbesitzer und Olivenölhändler, der dank staatlich geförderter Piraterie reich geworden war und einen steilen gesellschaftlichen Aufstieg geschafft hatte. Die Erbenfamilien wiederum sind Legenden der insularen Kulturgeschichte; zwei für Mallorca wichtige Maler – Fausto Morell senior und junior – gingen aus ihnen hervor. Im 19. Jahrhundert wurde das Haus zum Epizentrum der mallorquinischen Kunstszene – kein Künstler von Rang, der die Insel besuchte, kam um die Empfänge im Solleric herum.

Joan Pascual arbeitet für ARCA – die Organisation engagiert sich für den Erhalt des alten Palma

Kurioserweise, erzählt der Beamte Joan Pascual, protestierte nicht einmal ARCA, als das Solleric zu Tode restauriert wurde: „Das Interieur interessierte uns damals noch nicht.“ Also flog ein rares Beispiel historischer Herrenhaus-Wohnraumensembles sang- und klanglos raus, nur ein Schlafzimmer ist übrig geblieben und lässt den Verlust ahnen. Die Metapher vom Elefanten im Porzellanladen hat die Stadtverwaltung auf komische Weise umgedreht, indem sie sich erst den Porzellanladen schuf. Denn es war eine triviale Porzellanausstellung „in einem Tempel der Gegenwartskunst“, die die Kulturschaffenden so heftig demonstrieren ließ.

Nun ist die Beziehung zwischen Behörde und Bürgern, was die Kultur anlangt, immer schon zwiespältig gewesen. Und der Protest gegen den Triumph des Trivialen passt in die Chronik einer Szene, in der sich die gewaltigen Umwälzungen der vergangenen 30 Jahre widerspiegeln. Da gab es die subversive Romantik der letzten Franco-Jahre, als in der Buchhandlung Logos verbotene Bücher und Zeitschriften in diskreter Verpackung über den Ladentisch gingen. Als dort, wo heute Pan's & Company Sandwiches verkauft, eine Buchhandlung nicht nur Bücher, sondern auch Kunst ausstellte. Als in den Galerien der Pioniere – 4 Gats, Pelaires, Ariel, Universal und Galería Latina – nicht nur Bilder herumhingen, sondern auch die Intellektuellen, um Dichterlesungen zu hören oder die sieche Diktatur endgültig unter den Tisch zu diskutieren.

Kunst war damals noch Event mit politischem Sprengstoff, und etwas von diesem Kampfgeist ist geblieben. Dem rebellischen Galeristen und Kulturmotor Ferran Cano flog früher schon mal eine Bombe ins Lokal; heute betreibt der Gründer von 4 Gats in einer alten Getreidemühle eine Galerie und wühlt unverdrossen gegen das „konservative, provinzielle Establishment“ an. Die heute nicht mehr existierenden Galerie Universal in der Carrer Sant Miquel erlebte nächtliche Aufmärsche und wüste Drohungen von Gruppen wie den „Guerrilleros de Cristo Rey“, als der Maler Gustavo dort ausstellte. Heute kommt es vor, dass derselbe Künstler in der Stiftung des deutschen Immobilienkönigs Kühn seine Arbeiten zeigt.

Zwischen damals und heute, das ist die *transición*, der Übergang vom Frankismus zur Demokratie. Palma blühte auf in den Regierungsjahren des ersten demokratisch gewählten Bürgermeisters Ramón Aguiló (1979 – 1991), politisch wie kulturell flog nach der Unterdrückung der Deckel vom Topf.

Wachstum und Reichtum haben seither die Szene besänftigt, aber auch korrumpiert. Nun folgt dem Boom eine Identitätskrise und somit ein neues Thema zur Auseinandersetzung: Wie mallorquinisch, wie spanisch, wie international darf Palma sein? Selbst am Namen der Hauptstadt, vor 2000 Jahren verliehen von den Römischen Stadtgründern, mäkeln heute die

Das einstige Gran Hotel ist das prächtigste aller Jugendstilbauten Palmas – ein Werk des Mallorquiners Lluís Domènech i Montaner

Nationalisten und übersprühen die Stra-ßenschilder mit *Ciutat*, dem katalanischen Wort für „Stadt" – so schlicht stolz nannte sich Palma zu Zeiten des mallorquinischen Königreichs.

Gleichzeitig drängt ein Konflikt hoch, der die Identitätskrise noch vertieft. Geht es doch um die Sprache, eines der Hauptvehikel aller Kultur: Franco hatte die Unterdrückung des Inseldialekts auf die Spitze getrieben. Heute aber besinnt sich jenes Mallorca, das im Bürgerkrieg nahezu kampflos an die Frankisten gefallen war, kämpferisch auf seine Identität und sabotiert mit den Exzessen seiner Sprachpolitik den Wunsch, eine kleine Weltstadt zu werden.

Kunst war ein Event mit politischem Sprengstoff, und von diesem Geist ist etwas geblieben

Denn in der Möchtegern-Weltstadt kommt die Weltsprache Spanisch aus sprachpolitischen und wohl auch aus Gründen des Revanchismus zuweilen unter die Räder. Damit fühlt sich ein Teil des Kulturpublikums verprellt – vor allem die Besucher aus dem Ausland und dem nichtkatalanischen Festland-Spanien. Die Vorkämpfer dieser Sprachrenaissance sind die Theatergruppen; es ist die einzige Kultursparte, in der die Katalanisten ihre Ziele bereits verwirklicht sehen. Desto merkwürdiger mutet an, dass sich 20 professionelle und 50 Amateurtheatergruppen in Palma um drei Theater raufen müssen – eine Situation, die sich mit Ankauf und Restaurierung dreier alter, verfallener Spielstätten ändern soll.

Nicht nur Theatergruppen, auch Musiker fragen sich in Palma oft, wo sie denn auftreten sollen. Der letzte Musikklub mittlerer Größe, der mäßig bekannten Gruppen die Chance zu Konzerten gab, schloss im Sommer 2002. Popmusiker von Weltrang wie Sting mussten aus Mangel an geeigneten Stätten schon mal in der Pferderennbahn singen. Mittlerweile hat sich die Stierkampfarena Coliseo Balear als Palmas Open Air-Bühne etabliert.

Die Dörfer profitieren von den Problemen der Hauptstadt, kompensieren sie zuweilen auch. Dort, in der *part forana*, wie das Mallorca außerhalb der Stadtgrenzen heißt, quellen die Kassen dank Bauboom und Tourismus über und erlauben Dorffeste mit Starauftritten – da spielt schon mal Lou Reed in der Stierkampfarena von Alcúdia. Und wenn prominente Residenten ihre Beziehungen einbringen, stiehlt selbst Valldemossa der großen und allmächtigen Inselhauptstadt die Show. So holte Michael Douglas seinen Freund Art Garfunkel in das 1700-Seelen-Bergdorf – in den von Douglas gebauten Mehrzweckpavillon mit 330 Plätzen.

Grüner Schirm über dem Passeig Dalt Murada: Die Römer benannten die Stadt nach der Siegespalme „Palmeria". Der Baum wurde zum Wahrzeichen der Insel-Metropole

In Palma selbst wird die Kulturlücke immerhin teilweise durch Stiftungen von Banken, Künstlern und Mäzenen geschlossen, so dass tatsächlich mehr los ist, als es den Anschein hat. Wer weiß, wo er suchen muss, bekommt hier Kultur satt geboten .

Was die Rettung des historischen Palma betrifft, lässt sich der Sekretär von ARCA, Joan Pascual, zu einer ziemlich optimistischen Bestandsaufnahme hinreißen: Vorbei die Zeiten, als die Bautrupps der Elektrizitätsgesellschaft ihre Kabelstränge quer durch mittelalterliche Gerippe legten. Vorbei auch die Zeiten, als ein Herrenhaus nach dem anderen einstürzte. Die das Opfer der Finanzprobleme eines heruntergekommenen Adels, der Spekulation und einer Geringschätzung der Schätze der Stadt waren.

Für die Identität der Inselhauptstadt sieht Joan Pascual allerdings schwarz. Das typisch Mediterrane ist auf dem Rückzug – jene vitale Mischung unterschiedlicher Gesellschaftsschichten, Berufe und Nationalitäten, wie sie heute noch im Pfarrbezirk Santa Creu präsent ist. Der Verkehr wird dichter, das Ambiente dünner. Palma läuft Gefahr, zu einer modernen, verwechselbaren Stadt zu werden. Der Trend geht hin zur Monokultur à la Son Vida, jenes exklusiven Nobelwohnbezirks außerhalb des Autobahnringes. Auch die mitten in einer Facelifting-Operation steckende Oberstadt, in der sich in den Jahren des Verfalls soziale Randgruppen eingenistet hatten, ist bereits von der Schickeria und den Immobilienspekulanten entdeckt worden.

Die Szene boomt. Versteckt in den Gassen hinter der Kathedrale warten Museen auf Besucher

Allerdings auch von Kulturtreibenden. Denn versteckt in den Gassen hinter der Kathedrale warten die neuesten Attraktionen der Kulturszene auf Publikum. Warten aber zuweilen vergebens, weil die staatlichen Institutionen Privatinitiative nur widerwillig unterstützen. Auf eigene Kosten und eigenes Risiko verwandelte die Spanierin Nieves Barber „Can Marqués" in ein exquisites Herrenhausmuseum: das einzige der Stadt und ein würdiger Ersatz für das leere Solleric, das mit Schauen aktueller Gegenwartskunst mehr als nur Museum ist. Wenige Meter weiter eröffnete ein deutscher Sammler das Palais del Arte, ein Privatmuseum für alte Hochkulturen. Und in der Gasse des altehrwürdigen Museu de Mallorca bietet eine Stiftung Gelegenheit, Leben und Werk des flamboyanten Porträtmalers Torrents Lladó kennen zu lernen.

In die Kathedrale schließlich – mit 700 Jahren die älteste Baustelle der Stadt und bereits durch Gaudís Beitrag mit der Kultur der Moderne verbunden – hält dank einer Kapelle des mallorquinischen Vorzeigekünstlers Miquel Barceló auch das 21. Jahrhundert Einzug.

Palma mag Probleme mit der Identität haben, mag Verwaltungssitz einer Autonomen Region sein, deren Gemeinschaftssinn kaum existent ist. Und mag bei der Rettungskampagne für die Inselsprache übers Ziel schießen – der Aufstieg zum Weltstädtchen wird kaum aufzuhalten sein. Dafür ist einfach zu viel los. □

Thomas Fitzner, *Jahrgang 1960, lebt seit 1995 auf der Insel. Er schreibt regelmäßig für die* Mallorca Zeitung.
Klaus Bossemeyer, *Jahrgang 1953, ist von Palma begeistert. Weil es alles das hat, was man von einer Stadt erwartet.*

MERIAN | TIPP Kultur-Spitzen

KUNSTGALERIEN

Ferran Cano
Forn de la Glòria 12, Tel./Fax 971 71 40 67, Mo-Fr 17-20.30 Uhr Ferran Cano ist einer der Veteranen und Pioniere des Kulturbetriebs: 1973 gründete er die legendäre Galerie 4 Gats, organisierte die erste Picasso-Ausstellung auf Mallorca, zeigte Henry Moore, David Hockney und fördert einheimische Künstler. Heute stellt Cano in einer alte Getreidemühle aus, die wegen ihrer ultramodernen Adaptierung als Kunstgalerie selbst Sehenswürdigkeit ist.

Horrach Moyà
Catalunya 4, Tel. 971 73 12 40, Fax 971 221325 Okt.-Mai Mo-Sa 10-13.30, 17-20.30; Juni-Sept. Mo-Fr 10-13.30, 17-20.30 Uhr, Sa nur vormittags Juan Antonio Horrach Moyà krempelte das bislang traditionsorientierte Programm komplett um. Seither gehört die Galerie zu den progressivsten der Insel: Sie zeigt Fotografie, Video, Installationen.

Gianni Giacobbi
Can Ribera 4, Tel. 971 72 00 02, keine festen Öffnungszeiten Die Galerie der Kunsthändlerin Karin Giacobbi ist ein Sonderfall, denn nach außen hin ist sie ein verschlossener Showroom. Für Kunstliebhaber keine Hürde – Karin Giacobbi hat beste Kenntnisse der Kunstszene.

KULTURZENTREN

Fundació La Caixa (Gran Hotel)
Pl. Weyler 3, Tel. 971 17 85 00, www.fundacio.lacaixa.es, Di-Sa 10-21, So, feiertags 10-14 Uhr, Eintritt frei Die Kulturstiftung der Sparkasse ist im prächtigsten Jugendstilgebäude der Insel untergebracht: Ständige Ausstellung des katalanischen Malers Anglada Camarasa, temporäre Ausstellungen verschiedenster Art, Vorträge. Café-Restaurant und ein auf Kultur spezialisierter Buchladen.

MUSEEN

Can Marqués
Zanglada 2 A, Tel. 971 71 11 75, www.casasconhistoria.net Mo-Fr 10-15 Uhr, Gruppen nach Vereinbarung, Führungen, Eintritt 6 € Das einzige Herrenhaus-Museum, das Einblicke in Wohnstil, Tradition und Alltag der palmesanischen Gesellschaft vor 100 Jahren bietet: Die detailgetreu restaurierte Bürgerwohnung erlaubt Rückschlüsse auf das bis heute gültige Verständnis der Mallorquiner von Intimsphäre und sozialem Leben. Ausserdem: moderne Kunstwerke, kulturelle Events. Im Dezember Weihnachtskrippe eines zeitgenössischen Künstlers.

Palais del Arte
Zanglada 5, Tel. 971 42 50 36, Fax 971 42 50 76, tgl. 9-19 Uhr Ehemaliges Herrenhaus des Grafen von Ayamans, das von einer deutsch-mallorquinischen Gemeinschaft von Kulturmäzenen zu einem Museum und Kulturzentrum umgewandelt wurde. Die deutsche Direktorin organisiert hier Ausstellungen über die Hochkulturen der Antike sowie ergänzende Veranstaltungen.

>>> weitere Tipps im Info-Teil ab Seite 108

Das Bäuchlein von Palma

Die Küche des Landes ist unprätentiös, aber schmackhaft, vielseitig und ehrlich. Am besten zu genießen im Delikatessen-Dorado im und um den MERCAT SANTA CATALINA

Text: Sabine Knappe, Fotos: Klaus Bossemeyer

Die kleine Markthalle ruht in Ockergelb unter einem Ziegeldach, besitzt vier abgerundete Ecken und ist der Lebensmittelpunkt von Santa Catalina. „Sehr alt, antiguo", bekräftigt der städtische Beamte von der Marktaufsicht, „vielleicht 120 Jahre."

Das Viertel Santa Catalina liegt westlich des Zentrums und grenzt zur Meerseite hin an den Yachthafen. Es war immer das Dorf außerhalb der Stadtmauer und ist es bislang geblieben. Seit einigen Jahren vollzieht sich in diesem Mikrokosmos von Kleinbürgern, Geschäftsleuten und mallorquinischen Zigeunern ein behutsamer Wandel. Neben den alten Bars und Cafés mit langen Tresen und Neonlicht hat sich eine moderne und interessante Restaurantszene etabliert. Junge Bohemiens sitzen vor der Pastelería gegenüber der Markthalle. Von hier sieht man Köche in ihren weißen Kochjacken mit Kisten voll Gemüse und Beuteln voll Muscheln zwischen Markt und Lokalen hin und her laufen: Aus dem Barrio ist ein Viertel der rührigen Gastronomen geworden.

Der Spezialitätenhändler Virgilio Izquierdo ist der kleine König der Markthalle. Auch bei Virgilio ist nicht mehr alles so, wie es früher war – viele Männer, mit denen er heute vor seinem Stand spricht, sind Profis. „Sie kommen hierher, weil wir uns spezialisiert haben. Bei mallorquinischen Produkten führen wir die beste Qualität."

Der Anblick seiner Auslage lässt erstaunen. Was für eine Auswahl an Käse! Der Schafskäse „Roncal", „Queso Tetilla" von der Kuh, der fantastische Blauschimmelkäse „Cabrales" und „Mahón", der quadratische Kuhkäse aus Menorca und sein mallorquinischer Verwandter von Formatges Burguera, einer kleinen Käserei bei Campos. Zum Käse empfiehlt Virgilio *membrillo,* ein festes Quittengelee.

Klassisch spanische Zweiteilung: In der Taberna del Txakoli gibt es an der Theke Tapas, kleine Gerichte und unkomplizierte Weine, im Restaurantteil die große Karte

Die luftgetrockneten Schinken stammen von *bellotas,* schwarzen Schweinen, die mit Eicheln gemästet wurden und zu den edelsten Schinkenlieferanten gehören. Das reiche Angebot an Essigsorten, Ölen, Saucen und exklusiven Konserven macht den Marktstand zum Feinkostladen.

Virgilios Herz hängt an der *sobrasada*, handgemacht von Cousin Alfredo. Die rohe, in der Sonne getrocknete Wurst aus weichem, fein gehacktem Schweinefleisch wird mit Paprika gewürzt und schmiert sich famos auf einem Stück getoasteten Brot. Bäcker würzen mit ihr *ensaïmades*, Hefeschnecken, Köche füllen damit Datteln und kombinieren sie mit Honig zu einer Sauce. Wegen der Wurst werden wieder schwarze Schweine mit ihrem schmackhaften Fleisch gezüchtet. Daneben hängen *longanizas*, die dünne Variante der *sobrasada,* die sie auf Mallorca frittieren und braten, und *butifarróns,* kleine Blutwürste.

Der benachbarte Gemüsestand ist das zweite Marktwunder: Mini-Artischocken, Rauke, fünf verschiedene Pilzsorten, Trüffelkartoffeln, *kumquats* und andere Exoten für die Dekorationslust der Gastronomen. Zur Zeit ist Saison für den *esclatasang*, einen festen, bräunlichen Pilz mit großer, flacher Kappe. Die Köche kaufen gleich kistenweise ein. Federico Quintana, ambitionierter Koch des eleganten Restaurants Pata Negra aus der Carrer Cotoner um die Ecke kommt ebenso wie Björn Weissgerber, Chefkoch des Spitzenrestaurants Ca's Puers in Sóller. Jeden Tag.

Für Gemüsehändler Dalmau Tugores ist Mallorca eine Insel der Selbstversorger: „Wo gibt es sonst so gute Tomaten?" Sechs bis acht Sorten bietet er an, im Herbst und Winter hängen Zöpfe der Sorte „Ramellet" an seinem Stand, die wichtigste Zutat für den mallorquinischen Imbiss *pa amb oli*: Salzloses Bauernbrot wird mit

Einer der Stars der jungen Restaurantszene im Viertel Santa Catalina ist Federico Quintana, der Chef des Pata Negra. Er kocht bodenständig und doch leicht

Knoblauch und Tomaten eingerieben und mit einem Schuss Olivenöl begossen.

Mallorquinische Zitronen aus Sóller sind unregelmäßig geformt und unterschiedlich groß: aber mit was für einem fruchtigen, intensiven Geschmack! Die Clementinen sind kleiner, manchmal grünlich, aber im Vergleich zu diesen schmecken die importierten langweilig. Mallorca hat sogar eine eigene Kartoffelsorte, die weißfleischige „Perlan". Und wer kennt schon die eher säuerlich schmeckenden mallorquinischen Granatäpfel? „Spanferkel in Granatapfelsauce, ach!", Dalmau verdreht die Augen.

Das größte Palaver über Frische, Größe und Herkunft aber ist vor der glitzernden Auslage der Peixateria Catalina zu vernehmen. Doraden, Rotbarben, Scampi, Tunfisch und Schwertfisch; Spezialitäten wie *llampuga*, der so genannte Gewitterfisch mit seinem festen, weißen Fleisch, *jonquillo*, winzige Fischchen, die man durch einen Teig zieht und im Ganzen frittiert, *raon*, ein in Pastelltönen gezeichneter, kleiner Fisch mit ungeheuer aromatischem, feinem Fleisch und viele Brassensorten, für die es kaum eine deutsche Übersetzung gibt.

Kein Wunder, dass sich um dieses Delikatessen-Dorado eine Restaurantszene etabliert hat. Besonders am Freitag- und Samstagabend wird Santa Catalina zum Ausgehviertel. Die meisten Lokale gibt es in der Carrer de la Fàbrica, und Shooting-Star der jungen Szene ist das stets ausgebuchte Fàbrica 23: Koch Alexei Tarsey wechselt jeden zweiten Tag die Karte, je nachdem, was die Markthalle hergibt: Kürbis-Risotto mit Pilzen und Pecorino, hausgemachte *paé* mit Zwiebelconfit. Die Stimmung in dem kleinen Bistro spiegelt die des Viertels – junge Paare mit Kindern mischen sich mit internationalen Gästen. Sind alle Tische belegt, schickt Sascha, Maître und Bruder des Kochs, die Hungrigen weiter zur Hausnummer 15 ins Santa Catalina. Dort kocht sein früherer Sous-Chef eine ebenfalls marktfrische, moderne Küche. *Bon profit*, sagen die Mallorquiner, Guten Appetit. □

Sabine Knappe, *Jahrgang 1961, arbeitet als Redakteurin beim* Feinschmecker.

MERIAN | TIPP Küchenszene Santa Catalina

RESTAURANTS

Fàbrica 23
Carrer de la Fàbrica 23, Tel. 971 45 31 25, 13-15.30, 21-23.30 Uhr, So und Mo geschl., abends unbedingt reservieren. Der Nabel der jungen, anspruchsvollen Restaurantszene: kreativ, geschmackssicher und mit leicht französischem Einfluss.

Pata Negra
Carrer Cotoner 54, Tel. 971 28 23 36, täglich von 13.30-16, 20-23.15 Uhr. Kleines elegantes Lokal mit anspruchsvoller, marktfrischer Küche.

Santa Catalina
Carrer de la Fàbrica 15, Tel. 971 94 16 04, Di-Sa 13.30-15.30, 20.30-23.30 Uhr, So und Mo geschl. Der ehemalige Sous-Chef des Fàbrica 23 hat sein eigenes Lokal eröffnet: Er kocht raffiniert, leicht und doch bodenständig.

Taberna del Txakoli
Carrer de la Fàbrica 12, Tel. 971 45 76 82, Mo-Sa 13.30-16.30, 21-23.30 Uhr, So geschl. Vorne lange Theke und Tische für kleine Gerichte, hinten Restaurantteil mit geradliniger Karte. Sehr gute Steaks!

Restaurante Xóriguer
Carrer de la Fàbrica 60, Tel. 971 28 83 32, xoriguercb@inicia.es, 13.30-15.45, 20-23 Uhr, So geschl. Nicht billig, aber interessant: Moderne spanische Küche, beeinflusst von der katalanischen des Festlandes. Häufig zelebrieren hier Gastköche aus den besten Lokalen Mallorcas ihr Können.

CAFÉS

Pastelería Chantilly
Carrer de Sóller 25, Tel. 971 28 05 39, Mo-Fr 7.30-20, Sa, So und feiertags 7.30-15 Uhr. Perfekt fürs Frühstück: Französische Törtchen und pikante Kleinigkeiten sowie ein sehr gutes Brot.

Zanzibar
Plaça Navegació 17, Tel. 971 91 56 27. Mo-Sa 11-24 Uhr. Treffpunkt der neuen Bewohner des Barrio. Mit Tischen im Freien.

MARKTHALLE

Mercat Santa Catalina
Plaça Navegació, Mo-Sa 7-14 Uhr

Es Bañabuferi
Kleiner Eckstand von Vater und Sohn, der selbst angebautes Gemüse verkauft.

Frutas y verduras Daniel
Obst- und Gemüsestand, der seine Käufer mit ungewöhnlichen Gemüsen lockt.

Peixateria Catalina
Beachtliche Auswahl an Fischen und Meeresfrüchten aus balearischen Gewässern.

Productos Allimenticos Fausto Izquierdo Perez
Riesiges Delikatessenangebot: Schinken, Würste, Käse, Öle von bester Qualität.

Urlaub mit echtem Postkartenblick auf
die fünfeinhalb Kilometer lange Platja de Palma

Grenzenloser Spaß

Text: Jochen Siemens, Fotos: Guido Mangold

Arenal ist perfekt. Weil hier alles sein kann, was nicht sein darf. Die Betrachtung eines Feriengettos mit Suchtcharakter

Nach ein paar Tagen ist der Zustand erreicht, hat sich das Lebensgefüge verschoben. Alles ist anders. Die Zeit zum Beispiel: Man schaut nicht mehr auf die Uhr, um zu wissen, wie spät es ist. Man schaut auf die Tische, den Boden des Mega Park, einer dieser großen offenen Trinkstationen.

Morgens um elf etwa stehen auf den Tischen kaum Gläser. Um drei Uhr nachmittags ragen die ersten neonfarbenen Trinkhalme wie Antennen in die Luft, liegen einige schon auf dem Boden – gelb, grün oder pink, 70 Zentimeter lang, – gleich geheimen Signalen von Außerirdischen. Um sieben Uhr abends dann sind es schon Dutzende, und manche Tische sehen aus wie bunte Nadelkissen. Nachts endlich, wenn sie im Mega Park auf den Tischen tanzen, leuchten die Halme auf dem Boden wie ein grellbuntes Mikadospiel. Und wenn nirgendwo mehr ein Plastikröhrchen hinpasst, ist es Mitternacht, wird auch die Musik ausgedreht. Zeitansage per Halm, alles Gewöhnungssache.

Man gewöhnt sich auch daran, dass an der Strandpromenade bei McDonalds zehnjährige Mädchen mittags zwischen den Stühlen hopsen und laut singen: „Du hast niemals 75 d, denn du bist flach wie der Bo-o-odensee !" Das singen hier alle an den Strandschänken, den Ballermännern. Manche der Kinder können auch noch „Wir wollen Party, geile Weiber und n' Bier !!". Dabei kichern sie in ihre Plastikbecher mit den Gemüsesuppen von McDonalds.

Man gewöhnt sich auch daran, dass die *Bild*-Zeitung mittags ausverkauft ist, der kleine Stapel *Die Zeit* aber eine Woche nicht angerührt wird. Und man schaut schon gar nicht mehr auf die Aufsteller mit den Ballermann-Postkarten, auf denen ein sonnenverbrannter Penis auf einem Teller Paella liegt oder ein Mann …, na ja. Man blickt auch nicht mehr auf die Verendeten, die wie Walrösser auf der Strandmauer liegen, schlafend mit offenem Mund, den Bauch wie einen Hügel nach oben gewölbt. Plumps, fallen manche zur Sandseite runter, schlafen weiter. Auch die zur harten Straßenseite fallen, wachen nicht auf.

Nach ein paar Tagen ist all dies Normalität, und man fragt sich, wo das andere Leben geblieben ist. In der Ferne,

Das Leben ist leicht und die Nahrungsaufnahme auch – überall gibt es Bratwurst und Bier, Sangria und Spaghetti

am anderen Ende der Bucht, sind schemenhaft die Häuser einer großen Stadt, die sandfarbenen Türme ihrer Kathedrale zu sehen, „müsste wohl Palma mit dieser Kirche sein", sagt einer, ganz sicher, dass er da nicht hinmuss. Warum auch? Würde doch nur verwirren. Die Ordnung der Zeit, die Sprache, das Essen, Mallorca, – nee, warum soll einer hier weg, wenn er eine Woche Flug-Hotel-Halbpension für 399 Euro gekauft hat? Hier in Arenal, im Revier, zwei Hauptstraßen, neun Nebenstraßen, mehr nicht, und das reicht auch.

Man kann Arenal nicht probieren. Kann nicht eine Stunde ein bisschen herumwandern, sich wundern, den Kopf schütteln und wieder gehen. Angucken erklärt nichts. Man muss es leben, ein paar Tage wenigstens. Oder gar nicht herkommen. Natürlich ist Arenal auf Mallorca, liegt ja hier, aber nichts in Arenal hat mit Mallorca zu tun und umgekehrt auch nichts. Arenal ist perfekt, Mallorca nicht.

Arenal hat einen blitzsauberen feinen Sandstrand, und der Einstieg ins Meer verläuft sehr sachte, gemütlich. Das Wasser ist klar, nur am Abend schwimmen darin ein paar Plastikhalme oder Dosen. 30 Kilometer weiter südöstlich dagegen fängt der Stolz Mallorcas, der Sandstrand Es Trenc an, ein echt naturbelassener, wie jeder Reiseführer schwärmt. Und? Meterdicke Hügel angeschwemmter Algen, modriger Fischgeruch, Felsen im Wasser, an denen man sich die Füße aufschlägt, braune Mooskugeln, die aussehen wie schwimmende Pferdeködel, Untiefen und sanfte Schwaden strengen Frittiergeruchs aus den urigen Strandbars.

Gut, man kann mit dem Auto auch zu einer der malerischen Buchten fahren – Cala Mondragó im Süden oder Cala Torta, der Geheimtipp im Nordosten. Die erfordern lange Anfahrten, eine halbe Stunde konzentrierten Abstiegs über steile, scharfkantige Felsen, um sich dann das grünklare Wasser mit allen anderen Insidern zu teilen, die nie nach Arenal fahren würden. Arenal ist da einfacher. Der längste Weg vom Hotel an den Strand ist vielleicht 800 Meter kurz, auf dem Weg dahin und unter den surrenden, tropfenden Klimaanlagen der Hotelseitenwände reihen sich Piercing-Stände, kleine Supermärkte, *Bild*-Buden, Bierdosen-Kioske, Parfum-Discounter, Läden mit anzüglichen Postkarten und neonfarbenen Handtüchern: Das ist Bedürfniserweckung und Befriedigung ohne jeden Zeitverlust.

Es ist überhaupt eine missverständnisfreie Zone, in der es schwer ist, Fehler zu machen. Die Speisekarten sind mit „Schnitzel Wiener Art" und „Wurst mit Pommes" beschriftet wie auch bebildert, die Preise übersteigen selten die acht Euro-Marke, und kein Kellner zeigt sich verwundert über Currywurst mit Bier morgens um elf zum Frühstück. Im Gegenteil, Obst oder Müsli wären ihm fremd. Unzivilisiert? Nee, grenzenlose Freiheit. Es gibt nur wenige Urlaubsorte auf der Welt, in denen das Versprechen „zwanglos" eine solch konkrete Konsequenz hat.

Zweimal am Tag hält Arenal für ein Weilchen inne, holt tief Luft. Morgens um zehn ist das so – wenn die letzten Discobesucher auf ihre Hotelzimmer schleichen, die ersten Barhocker schon wieder aufgestellt werden. Dann herrscht für einen Moment dieselbe Ruhe wie abends um sieben, wenn sich tausende Touristen in ihren Hotels auf die Nacht vorbereiten. Spaziert man jetzt durch die hinteren Hotelstraßen und vorbei an dem kunterbunten Balkonmosaik der vielen Handtücher, dann kann man dabei durch die geöffneten Fenster

Zwei Hauptstraßen, neun Nebenstraßen. Und das ist es

Wer nach Arenal fährt, weiß, was er bekommt: viele Partys mit und ohne Schaum.
Und zusammen mit vielen anderen Sonnenhungrigen viel Sonne auf die Haut

Was jeder nach Arenal mitbringt, ist Sehnsucht: die nach der Liebe, einem neuen Freund, einer Bekanntschaft, Sex, dem großen Glück, egal. Hauptsache, ein Erlebnis

sehen, wie sich sonnenverbrannte Jungs die Haare zu Stacheln hochgelen. Lauscht dem Surren der Haarföne der Mädchen und spürt dabei dieses besondere Gefühl von Erwartung.

Zwischen jenen beiden Augenblicken des Luftholens ist Arenal immer in Hochbetrieb, immer in Bewegung. Ist die Musik immer an, liegen immer Bratwürste auf dem Grillrost, gibt es immer irgendwo eine Schaum-Party, kann man sich immer auf einer großen Plastikbanane durchs Wasser ziehen lassen.

Hinter all dieser Jahrmarkt-Fassade braucht es viel Konzentration, um an den Giebeln der Häuser die seltenen Reste alter Architektur zu entdecken. Dort findet man Spuren eines Arenal, das einmal klein, verschlafen und auch ein wenig reich war.

Vor 150 Jahren gab es nur eine holprige Strasse. Sie kam aus dem zehn Kilometer entfernten Llucmajor, und an den Wochenenden kamen von dorther einige Spanier an den Strand. 1872 wurde das erste Haus in Arenal gebaut, Anfang 1900 dann galt der Ort als feines Strandbad. Baden durften Männer und Frauen nur getrennt, die lange Promenade war nach *balnearis*, nach Kurbädern, aufgeteilt – eine Art Badeclub mit exklusiver Klientel, Holzhütten und Umkleidekabinen.

Das erste Hotel wurde in den fünfziger Jahren gebaut. Vom nahen Flughafen gespeist, wuchs der Landstrich in Rekordgeschwindigkeit zur heutigen Hotelburgen-Meile, der Platja de Palma. 161 Hotels und noch mehr Bars, Bodegas und Restaurants liegen an der 5,5 Kilometer langen Strandstrecke. In den vergangenen Jahren versuchte die Insel-Administration des touristischen Wildwuchses Herr zu werden und begann, das anarchische Bau- und Ballermann-Treiben zu reglementieren. Seit Beginn ihrer Amtszeit im Jahr 2000 müht sich die rot-grün-nationale Regierung, Arenal sogar noch feiner zu machen: also teure Apartment-Anlagen statt Hotels, Musikverbot unter freiem Himmel nach Mitternacht, erhöhte Polizeipräsenz und täglich gefegte Straßen.

Doch nichts ist so schwer zu vertreiben wie Vergnügungskultur und -sucht. Warum auch? Selbst Kritiker des Ballermann-Tuns sehen das Treiben lieber gettoisiert als über die ganze Insel verteilt: Der kurze Weg vom Flughafen verhindert jeden Verkehrskollaps – die Busparade rollt routiniert auch dann, wenn an Wochenenden bis zu 10 000 Besucher die Betten wechseln. Die meisten Gäste sind Wiederholungstäter.

Arenal hat Suchtcharakter, sagen sie hier. Abends ab acht, wenn sie in ihren Duschdas-Wolken aus den Hotels strömen und kurz überlegen, ob sie lieber „gegrillte Fich" oder „Spaghetti Fleischsosse" essen und auf welchem Stuhl sie sitzen wollen, spürt man das Geheimnis ihres Hierseins: Sehnsucht. Die Erwartung, dass es heute nacht vielleicht, hoffentlich oder ganz sicher passiert. Was? Das Glück, neue Freunde, die Liebe, der Sex, irgendwas. Hauptsache, ein Erlebnis. Man kann die Sehnsucht sehen – egal ob Rentner, Schüler, Bundeswehrsoldat oder Postbeamtin – sie alle haben diesen Blick. Nach links, nach rechts, nach oben, nach unten, die Augen nie im Stillstand.

Jeder ist immer in Bewegung, auch nachts bleibt nie jemand stehen, es sei denn, es stellen sich die Werbejungs der Discos in den Weg, um den Strom der Suchenden in's RIU, ins Paradies, den Mega Park zu lenken. Und so sind auch die einschlägigen Biertanken nicht Orte, sondern Strecken: „Bierstraße", „Schinkenstraße" oder ganze Landstriche wie „Oberbayern", durch die man karawanengleich hindurchwandert. Und hört man bei Tageslicht

Arenal ist so schön weil wie zu Hause: Hier wird Deutsch gesprochen und gelesen

Mallorca hat nichts mit Arenal zu tun. Und umgekehrt auch nicht

Man kann Arenal nicht mal eben besichtigen. Man muss mitmachen

noch spanische Wortfetzen, hat in der Nacht die deutsche Sprache alles besetzt, lässt der Alkohol schließlich alle Schranken fallen.

Dann wird Arenal ein Ort der Glückssucher. Denn was hier im Lärm der Ballermann-Schlager „Es gibt nur einen Rudi Völler, einen Rudi Vööööller ..." oder „Pack ihn wieder rein, er ist zu ..." orchestriert wird, ist in Wahrheit die leise Suche nach eben dem Erlebnis. Man kann dabei zuschauen, auf den Bierbänken im Palmenhaus zum Beispiel, wo die weibliche Belegschaft einer Reinigung aus Wattenscheid sitzt, Betriebsausflug, und daneben die Stammtisch-Besatzung „Kerlsrunde" aus Frankfurt. Eine halbe Stunde wird schüchtern gelächelt, werden harmlose Witzchen ausgetauscht. Dann wechseln die ersten Gläser die Tische, und eine Stunde später tanzt der Hartmut mit der Sabine, die Heike mit dem Sven. Dann leuchten die Augen, wird nicht mehr hin- und hergeschaut. Hat das Hiersein endlich sein Ziel gefunden.

Es kann aber auch traurig sein in Arenal. Morgens um zwei beispielsweise, wenn die Übriggebliebenen und Ziellosen verzweifeln und meterweise Sangría trinken. Sangría ist jene in Tanks gequirlte Mischung aus Rotwein, Limonade und Orangen. Sangría ist Treibstoff, Droge und Pöbeldiesel der Spaßgesellschaft, der tatsächlich meterweise serviert wird: In den Lokalen stellt man ein oder zwei Meter hohe Plexiglas-Röhren voller Sangría auf den Tisch, die unten einen Hahn haben. Trunken zapft sich jeder, was noch rein geht.

Im Bierkönig führt das zu dröhnenden Stillleben. Macht einer den Hahn nicht zu, überschwemmt die rote Suppe den Tisch, auf dem andere schon ihren Kopf zum Schlaf gelegt haben – Mund offen, rot aufgeweichte Zigarettenkippen davor. Auf anderen Tischen thronen Literkrüge mit dem roten Saft, umringt von Jungs mit Strohhalmen im Mund, mancher schon schlafend. Dem läuft dann die Brühe aus dem Mund wieder in den Krug zurück. Einem anderen flippt der Halm aus dem Mund, sein Gegenüber bekommt rote Flecken aufs Hemd. Viele hässliche rote Flecken.

Der Bölkstoff Sangría führt unweigerlich zur Anarchie der Sinne. Und so fängt der Frohsinn ab zwei Uhr an zu kreischen, gerät alles aus den Fugen, weil zur Freiheit auch die Freiheit des Entgleisens gehört. Am Strand sieht man die ersten nackten Hinterteile, die versuchen, sich auf kichernde Frauen mit Piercing am Babyspeck-Bauch zu legen, was von der Polizei sofort mit „aquí no, no!", „hier nicht !" verhindert wird. In den Nebenstraßen schieben sich Torkelnde schrumpelige „Mallorca-Grillwurst 60 Zentimeter lang !" mit Senf und Ketchup in den Mund, die eine schmierige Rosette bis hinunter zum Kinn hinterlassen.

Noch später nachts oder besser früher morgens bekommt die Unschuld der Glückssucher einen Schatten. Schieben sich in den Kellern von Oberbayern die ersten Mädchen ihre T-Shirts hoch, weil zur Wahl der Miss Oberbayern eben fast nur das Oben eine Rolle spielt. In einer Ecke sitzt ein schwitzender Jürgen Drews, der dort immer seinen „König von Mallorca" krächzt.

Wenn man dann über die Treppe wieder an die Arenal-Oberfläche steigt, macht das gegenüberliegende Meer leise „schlurp". In den Hinterstraßen hört man Lachen und Singen aus den Hotelzimmern, sieht durch die Fenster, wie Mädchen ihren BH öffnen und Jungen „Danke" rufen. Wenn man dann weitergeht, und an einem der letzten Stehtische Jungs mit Fußballer-Frisuren und spanische Kellner Bier trinken, die rufen „komm her, wie heißt du, die letzten Biere sind umsonst", dann, ganz komisch, fühlt man sich in Arenal zu Hause. Dann fällt es schwer, sich wieder an die andere Welt da draußen zu gewöhnen. □

Jochen Siemens, *Jahrgang 1958, ist Autor beim* Stern *und kannte – obwohl er seit sechs Jahren ein Haus auf Mallorca hat – Arenal nur als Autobahnausfahrt.*

Guido Mangold, *Jahrgang 1934, erinnert sich an das Arenal der neunziger Jahre. Und ist begeistert, wie perfekt die Ferienfabrik heute funktioniert.*

MERIAN | TIPP Party, Party, Party

Der Ort S´Arenal Etwa fünf Kilometer östlich von Palma, erreichbar über die Autobahn PM 19. Das Epizentrum des Amusements liegt zwischen Balneario 4 und 8. Hochsaison ist von Ostern bis November – im Winter sind viele Bars und Restaurants geschlossen. Während der Schulferien sind die meisten Besucher Teenager, zu anderen Zeiten urlauben hier gern Betriebe, Herren-Vereine und Stammgäste mit Kleinkindern.
Info über www.ballermann.de

Almrausch, Palmenhaus **„Bierstraße" (C. Miquel Pellisa, Balneario 7):** Mallorca-Schlager bis Mitternacht im Palmenhaus, ab dann deutsches Liedgut im Almrausch. Animier-Partys, Motto-Tage.

Bierkönig **„Schinkenstraße" (C. pare Bartomeu Salva):** Stimmungsmusik mit viel deutschem Schlagergut, bayerisch gekleidete Tanz-Mädchen auf den Tischen. Ab Mitternacht im schalldichten Brauhaus deftig derbe Stimmung.

Mega Park **Carretera de S'Arenal bei Balneario 5:** Sangría-Happy Hour schon vormittags, in der Mittagszeit der erste Meter Sangría. Mallorca-Hits, sechs Go-Go-Girls und -Boys tanzen dazu auf Tischen. Mehrmals wöchentlich Schaumpartys.

Oberbayern **Carretera de S'Arenal zwischen Balneario 5 und 6:** Holztische und harte deutsche Schlager – die Hausband „Helmut & Die Dominos" spielt in Lederhosen. Dreimal in der Woche Bühne für deutsche Schlageroldies wie Jürgen Drews.

RIU Palace, Joy Palace, Paradies **An der Carrer Llaüt zwischen Carrer Missio de San Diego und Carrer Pare Bartemeu Salva:** Großraumdiscos mit Animationsprogramm (Kennenlern-Spiel, Miss-Wahl, Motto-Party) mit Preisverleihung. Disco- und Clubsound.

LTU
So flieg ich gern
Lebenslust oder Lethargie?
Lassen Sie den Alltag jetzt hinter sich. LTU bringt Sie wieder zum Lächeln.
www.ltu.de

Das Firmengelände in Inca mit dem Outlet Shop ist so auffällig unauffällig wie das Produkt: Hier wird nicht nur verkauft, hier werden die Schuhschäfte auch zusammengesteppt

Kult-Treter

Schritt für Schritt erobert Camper die Welt. Die Geschichte einer fixen Schuhidee, die mit skurrilen Bauernschlappen begann und heute eine Weltmarke mit Botschaft ist

Text: Harald Willenbrock

Dies ist eine Unternehmensgeschichte, wie sie kein noch so abgefeimter Markenkommunikationsfuzzi sich hätte besser ausdenken können. Und das Allerbeste an ihr: Jedes Wort ist wahr. Ihre Ursprünge führen zurück ins Jahr 1975, als ein gewisser Lorenzo Fluxá ins Alter kam, die kleine väterliche Schuhfabrik zu übernehmen. Diese Firma hieß Lottusse, saß in Inca – jenem traditionsreichen Städtchen, das seit Mitte des 15. Jahrhunderts Zentrum der mallorquinischen Schuhmacherzunft ist – und wurde von der Fluxá-Familie bereits in dritter Generation betrieben.

Dogon Kenia

Pelotas

Brothers

Lorenzo Fluxá im Gespräch mit seinen Designern. Der Camper-Chef gehört einer alten Schuhmacherdynastie Mallorcas an

Die mit Luft gefüllte Noppen-Sohle macht den Schuh bequem. Und unverwechselbar

Es waren also ziemlich große Fußstapfen, pardon Schuhe, in die Lorenzo treten sollte. Das einzige Problem: Der Unternehmenserbe verspürte partout keine Lust. „Handgenähte Schuhe für Geschäftsleute? Das erschien mir sterbenslangweilig", erinnert sich Fluxá, ein kleiner Mann von großem Humor und mittlerweile 55 Jahren, „ich wollte lieber mein eigenes Ding drehen." Und das eigene Ding, das waren einfache Leinenschuhe mit einer Sohle aus alten Gummireifen, wie sie der 21-Jährige bei Mallorcas Schafhirten und Bauern gesehen hatte. „Verrückt!", befand Lorenzos Vater, ließ den Filius aber machen. Seine Adaption taufte Lorenzo *Camper*, was auf Katalanisch „Bauer" heißt und – wie der Firmenchef amüsiert korrigiert: „rein gar nichts mit Zelten oder Wohnwagen zu tun hat, auch wenn das heute viele Leute glauben." 1975 wurden in Inca die ersten 10 000 Paar Bauernschuhe vernäht.

Dann passierte zwei Jahrzehnte lang wenig, bis Ende der Neunziger plötzlich moderne Urbanistas in aller Welt die Campesino-Schlappen entdeckten. Eines Tages trug Woody Allen welche, dann Uma Thurman, Mick Jagger, Bruce Willis, Sting. Und plötzlich wollte sich jeder diesen Schuh anziehen.

Zwölf Millionen verkaufte Paar weiter haben sich in Inca natürlich ein paar Dinge geändert: So residiert Camper heute nicht mehr in einer Schuhmacherwerkstatt, sondern in einem modernen, palmenumstandenen Zweckbau in Incas Gewerbegebiet, wo sich Reporter aus aller Welt die Klinke in die Hand geben. Eigentlich stellen sie immer dieselben Fragen: Woher der plötzliche Erfolg? Was macht eine mallorquinische Marke, deren Produkte eher an Rugbybälle denn an Schuhe erinnern, für Menschen in aller Welt attraktiv? „Camper sind Schuhe, die Leute vom Land für Menschen in der Stadt gemacht haben, und das sieht man ihnen an", versucht Lorenzo dann zu erklären. „Camper bedeutet Bodenständigkeit, Tradition, Nostalgie. Und das ist offenbar etwas, wonach sich die Leute heute sehnen."

Die Fluxás sind dank dieser Sehnsucht zu einer Dynastie mächtiger Industrieller gewachsen. Lorenzos Bruder Antonio leitet die mittlerweile sehr renommierte Edelschuhmarke Lottusse; Miguel, der andere Bruder, ist Präsident des millionenschweren Reisemultis Viajes Iberia. Manche nennen sie die Bennettons Spaniens.

Anders als die emsigen Italiener sind die Campesinos sich, ihrer Geschichte und Mallorca immer treu geblieben. Ihr Chefdesigner ist nach wie vor Guillem Ferrer, ein überzeugter Ökologe und gelernter Schuhmacher, der in Inca geboren wurde und nie in seinem Leben eine Designschule betreten hat. Ihre Schuhe werden nach wie vor nicht in Billig-Fernost, sondern von Vertragsproduzenten rund ums Mittelmeer gefertigt, darunter etwa zu einem Fünftel auf Mallorca selbst – übrigens auf eine Weise, die die Europäische Union mit ihrem EU-Umweltsiegel für Schuhe ausgezeichnet hat. Und bis heute widersetzt sich Lorenzo der Verlockung einer ganz großen Expansion, wie sie von Überfliegern gemeinhin erwartet wird. „Ich glaube nicht, dass wir Mallorquiner überhaupt gut darin sind, große Unternehmen aufzubauen", winkt der Ausnahme-Entrepreneur ab, der nie Entrepreneur werden wollte. „Wir sind gut darin, kulturell interessante Unternehmen aufzubauen." Und im Übrigen sei der Firmenslogan durchaus ernst gemeint, der da lautet: „Walk, don't run." □

Harald Willenbrock, *Jahrgang 1967, hat noch nie zuvor eine so glaubwürdige Firma mit so glaubwürdigen Produkten kennen gelernt.*

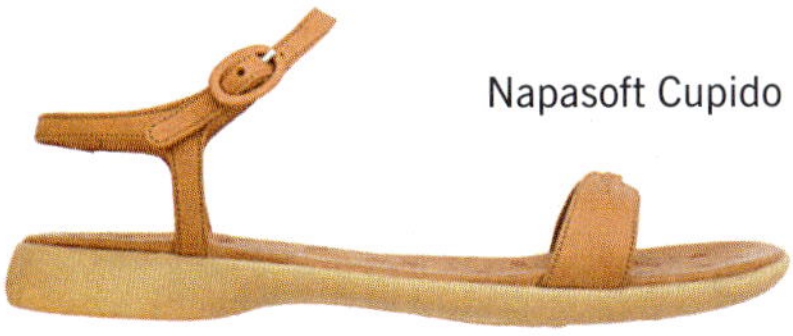

Napasoft Cupido

Gales Mallorca 2

Godiva Bamaco

MIT STAMMBAUM

Text: Nicolaus Neumann

GEWACHSEN

ie Mandelblüte ist der Himmel auf Erden, der alte Ölbaum in modisches Accessoire und der brennende Busch ein aturphänomen: Eine kleine mallorquinische Baumschule

Ein zartrosa Wunder im späten Januar: blühende Mandelbäume vor Caimari

DER MANDELBAUM: *PRUNUS DULCIS*

VERHEIZT FÜR MEHR KOHL

Der Mandelbaum aus der Gattung der Rosengewächse trägt Früchte, die im Spätsommer reifen. 40 Jahre lang

Barbarisch und blutrünstig ist die mythische Entstehungsgeschichte des Baumes, der den unschuldigen Namen *Prunus dulcis* trägt: der Mandelbaum. Agdistis, das mythologische Zwitterwesen, zog durch das Land und tötete alles, was ihm begegnete. Was tun, fragten sich besorgt die Götter. Dionysos wusste Rat. Er ließ aus einer Quelle Wein sprudeln. Agdistis trank davon, fiel berauscht zu Boden und kastrierte sich selbst im Schlaf. Aus dem abgetrennten Geschlechtsteil entspross der Mandelbaum – soweit die abendländische Vergangenheit des Mandelbaums.

Die morgenländische ist hübscher. Als der letzte Stein der Festungsstadt gesetzt war, fragte Prinzessin Al-Zahra ihren Gebieter: „Was bleibt von der Schönheit unserer Stadt, angesichts der schwarzen Gebirge ringsum?“ Da ließ der Sultan für seine Geliebte die Hänge mit Mandelbäumen bepflanzen, und zu deren Blütezeit erstrahlte die Landschaft in gleißendem Licht.

Im Jahr 903 brachten die Mauren den „leuchtenden Baum“ nach Mallorca. Seitdem wiederholt sich dort Jahr für Jahr das Blütenwunder, das die Mallorquiner den „Himmel auf Erden“ nennen. Jeweils im Januar und Februar hüllt es das Land in duftende weiße oder zartrosafarbene Wolken. Für Mallorca-Touristen ein Ereignis vom Rang des japanische Kirschblütenfests, für die Bauern Vorbote einer guten Ernte im Spätsommer.

Noch ist *Prunus dulcis* der verbreitetste Baum Mallorcas. Neben rund sieben Millionen kultivierten gibt es auf der Insel rund 250 000 wild wachsende Mandelbäume. Doch der Blütenflor wird dünner, immer mehr Mandelmühlen schließen, denn die bislang handbetreute Delikatesse wird in den USA mittlerweile von Maschinen gepflegt und geerntet. Kilometerlang ziehen sich die Baumreihen über kalifornische Hügel, und damit die Verpackungsautomaten nicht irritiert werden, haben die kalifornischen Züchter die „orientalische Nuss“ zur Einheitsmandel heruntergemendelt. Eine wie die andere – gleiche Form, gleiches Gewicht.

Gegen diese preiswerte Normmandel hat die handverlesene Konkurrenz keine Chance, dennoch geben die mallorquinischen Mandelbauern die Hoffnung nicht auf. Ein eher bitteres Schicksal soll der Mandel das Überleben sichern: Sie wird verheizt, zumindest zum Teil. Schon immer wurden die Mandelschalen im Winter als Brennmaterial geschätzt. Doch für den Abfall gab es gerade mal vier Cent pro Kilo. Mit Briketts aus Mandelschalen und Holzspänen wollen die Bauern nun das Dreifache verdienen. Ein Trost für Mandelfreunde: Für die süße Weihnachtsspezialität *turrón* gibt es noch immer genug Früchte auf der Insel. Das knusprig-klebrige, mit Nougat versetzte Mandelkrokant wird auf Mallorca noch aus mallorquinischen Mandeln hergestellt.

Süßer Kern in harter Schale: Mandelfrüchte vor der Ernte

Die Schoten sollen Johannes dem Täufer in der Wüste das Überleben gesichert haben. Heute sind sie Zusatz für Hundefutter und Hautcremes

DER JOHANNISBROTBAUM:

CERATONIA SILIQUA

ER DREHT UND WINDET SICH

Aus den Schoten pressen die Ägypter ihren Lieblingssaft, Hinterwäldler brauen daraus Kräuterbitter, und getrocknet, geröstet und gemahlen wird aus ihnen Muckefuck und Kakao-Ersatz für Zuckerkranke. Der Johannisbrotbaum verdankt seine Karriere als eine der wichtigsten Kulturpflanzen des Mittelmeerraums dem süßen Fleisch seiner Früchte. Chemiker mischen das festigende Fruchtmehl in Salben und Gesichtspuder, die Lebensmittelindustrie benutzt das gelierende Fruchtmus als Bindemittel für Frischkäse, Fleischpasteten und Hundefutter.

Die Legende berichtet, Johannes der Täufer habe, als er sich hungrig durch die jordanische Wüste quälte, mit den fruchtigen Schoten seine dürren Heuschrecken-Mahlzeiten versüßt. Daher der Name Johannisbrotbaum. Frühe Naturhistoriker führten den Namen dagegen auf den Johanniterorden zurück, der erstmals einen planmäßigen Anbau des *Ceratonia siliqua* betrieben habe.

Trotz seiner vielseitig verwendbaren Früchte bringt der Johannisbrotbraum auf Mallorca nicht das große Geld. Zwar werden mit den Schoten immer noch die berühmten schwarzen Schweine gemästet, aber Plantagen, die man für eine ökonomisch sinnvolle industrielle Nutzung anlegen müsste, sind zu kostspielig. So wird aus der traditionsreichen mallorquinischen Futterpflanze ein musealer Einzelgänger, der nur von nostalgischen Landschaftspflegern eine Zukunft erwarten kann.

Der Johannisbrotbaum wächst langsam und erreicht ein biblisches Alter, wenn man ihn denn lässt. Während er gelassen altert, dreht und windet sich sein Stamm zu gespenstischen Verschlingungen. Die Fruchtkerne in seinen hornförmigen Schoten wiegen – unabhängig von ihrer Form oder Größe – grundsätzlich 0,2 Gramm. Diese in der Natur einmalige Konstanz hat dazu geführt, dass die Kerne seit mehr als 1000 Jahren als kleinste Messeinheit für Gold, Silber und vor allem für Edelsteine verwendet werden. Karat heißt das weltweit anerkannte Gewichtsmaß, abgeleitet vom griechischen Wort für kleines Horn, *kerátion*, das auch den wissenschaftlichen Namen des Johannisbrotbaums bildet: *Ceratonia.*

Der Johannisbrotbaum trägt Blüte und Früchte zur selben Zeit. Der robuste Baum ist zu einem musealen Einzelgänger geworden, Plantagen lohnen sich nicht

Der Zweig des Ölbaums gilt bei Juden und Christen als Zeichen des Friedens

Die wenigen noch betriebenen Ölmühlen arbeiten im Schichtbetrieb. Doch der uralte Olivenbaum ist bedroht, diesmal durch die Mallorquiner selbst. Je mehr Ölbäume die Bauern auf den leichter zu bearbeitenden Flächen der Ebene Es Pla anpflanzen, umso nachlässiger gehen sie mit den Baumveteranen der Tramuntana-Terrassen um. Der wilde Wuchs der alten scheint gegen den Formschnitt der jungen Haine wenig Chancen zu haben. Tausendjährige oliveres sind fast nur noch als denkmalgeschützte dendrologische Wunder auf öffentlichen Plätzen zu finden, wie der steinalte Solitär auf der Plaça de Cort vor dem Rathaus von Palma.

Hoffnung kommt aus der Stadt, oder besser von den Städtern, denn die rechnen nicht, wenn sie aufs Land ziehen – sie träumen. Wie alte Fincas und wurmstichige

Der Olivenbaum: *Olea europaea*

Stach und sticht ins Auge

Die Sonne steht tief über dem Meer und taucht die Flanken der Serra de Tramuntana in rot glühendes Licht. Die Olivenbäume auf den steil gestaffelten Terrassen über Sóller scheinen in Flammen zu stehen. *Olivera*, der Olivenbaum, ist die sentimentale Signatur des Südens für den Reisenden und Existenzgrundlage für die Mallorquiner Ölbauern.

14 000 Hektar trockenes, kalkhaltiges Land – vor allem zwischen Sóller, Valldemossa und Esporles – sind mit Olivenhainen bedeckt. Die ersten wurden im 16. Jahrhundert angelegt, die letzten im Jahr 2002. Denn trotz der Mäkelei der Brüsseler Behörden – der Säuregehalt der mallorquinischen Oliven entspräche nicht der EU-Norm – und der damit verbundenen Exportbeschränkungen läuft das Ölgeschäft auf Mallorca wie geschmiert.

Ölbäume wie diese bei Deja können über 1000 Jahre alt werden

Holzdecken ist für sie auch der Olivenbaum eine unverzichtbare Antiquität. Noch ehe das Dach der restaurierten Bleibe auf Mallorca dicht ist, werden Olivenbäume gepflanzt, je älter desto besser. Bei der Baumschule des Kakteenmuseums „Botanicactus" sind die Bäume ein Verkaufsschlager. 500 Euro kostet das Stück, 1,50 Meter hoch. Die meisten in dieser Größe gehen als Souvenir weg. Wer sich hier ansiedelt, will richtige Bäume, drei bis vier Meter hoch – und zahlt dafür leicht das Zehnfache.

„Ein gesegneter Baum. Ein unbezähmbarer Baum. Ein unsterblicher Baum." So sprach Sophokles über den Olivenbaum, der dank seiner sagenhaften Schöpferin Pallas Athene als Hort der Weisheit gilt. Als Symbol und Werbeträger ist der Baum hochbegehrt: In Italien bilden die oppositionellen Mitte-Links-Parteien das Bündnis des Olivenbaums, Reisebüros locken Touristen mit Ölbaumpatenschaften von den Stränden ins Hinterland, und ein Schweizer Internetshop bietet unter dem Label „Olivenbaum" religiöse Erbauungsliteratur an. „Der Baum sticht eben ins Auge", sagt ein zugewanderter Gartenplaner in Santanyí. Und weiß nicht, wie Recht er hat. Odysseus stach einst mit dem Stamm eines Olivenbaums dem Zyklopen Polyphem das Auge aus.

DER MASTIXBAUM: *PISTACIA LENTISCUS*
DER VOR DEM WOLF SCHÜTZT

Die ätherischen Öle in den Blättern des Mastixstrauches können bei starker Hitze den Busch zum Brennen bringen

Kein Einheimischer wird ernsthaft behaupten, dass Moses ein Mallorquiner war. Wohl aber sind bibelfeste Bauern auf der Insel überzeugt, dass der brennende Busch – von dem im Alten Testament die Rede ist – ein mallorquinisches Gewächs ist. „Mata" nennen sie den immergrünen Busch. Neben Zistrosen, Erdbeerbäumen und Ginster ist er das duftende Herz der *macchie* und der *garrigue*, jener dichten Sträucherwildnis, die trockene Felsenklippen und ausgefranste Waldränder wie ein struppiger grüner Pelz überzieht. Ein „Degradationsstadium" nennen Biologen kalt und sachlich jene Strauchgesellschaft, die zu den ästhetischen Wegmarken unserer Südsehnsucht gehört.

Aus dem brennenden Busch, der aber wundersamer Weise nicht verbrannte, sprach Jahwe zu Moses und bestimmte das einstige Findelkind zum Propheten der Israeliten. Während Gläubige außerhalb Mallorcas das Flammenwunder als Elms-, Erasmus- oder Eliasfeuer deuten, kennen die Bauern zwischen Cala Sant Vicenç und Cala Pi das Phänomen der brennenden Büsche seit Generationen. Die kleinen länglichen Blätter des Mata, der bei uns Mastixstrauch heißt, sind bis in die Spitzen voll mit ätherischen Ölen, die in der Sommerhitze austreten und verdunsten. Die brennende Mittagssonne kann die Öle entzünden, dann steht der Busch in hellen Flammen, bis der Treibstoff auf den Blättern abgefackelt ist, ohne dass das ledrig feste Laubwerk größeren Schaden erleidet.

In geschützten Pflanzungen hat sich der Mata zu einem veritablen Baum mit dem Namen *Pistacia lentiscus* mausert. Eine Pistazienart, die ihr dichtes Laubwerk zu einer vier bis sechs Meter hohen und ebenso breiten, imposanten Kugel formt. Die Mallorquiner schreiben dem Baum hilfreiche Kräfte zu: Fischer und Jäger bedecken mit Mata-Blättern ihren Fang oder ihre Strecke, um das Fleisch frisch zu halten, und wer sich auf langen Wanderungen die Füße wund oder einen Wolf gelaufen hat, der lindert die Schmerzen mit einem Büschel Mata.

Nützlich ist die Pflanze obendrein, Mallorcas *Pistacia lentiscus* bringt zwar keine leckeren Pistazienkerne hervor, doch aus ihrem Harz wird Mastix gewonnen, eine Gummi-Lösung, die etwa für das Fixieren von Verbänden verwendet wird. Jahwe, der Name unter dem sich Gott einst Moses vorstellte, bedeutet übersetzt „Ich bin, der ich sein werde". Im übertragenen Sinn gilt das auch für den Mata. Brennend ist er am Ende doch der grüne Busch, der er vor dem Flammenspektakel war. □

Der Mastixbaum: großer Bruder des brennenden Busches

Nicolaus Neumann, *geboren 1936, schreibt als freier Journalist vor allem über Architektur und Gartendesign.*

Die beschriebenen Bäume können auch in Deutschland bezogen werden über www.roepke-versand.de Pflanzenbildergalerie unter www.pflanzen-bilder.de

Das zweite

Gesicht

Spät, aber nicht zu spät entdeckten die Mallorquiner, dass die Insel selbst ihr größter Schatz ist. Den hüten heute vor allem die Umweltschützer. Sie zeigten MERIAN die schönsten Plätze

Text: Marion Müller-Roth, Fotos: Marc-Oliver Schulz

La Trapa, das wildromatische Hochtal der Tramuntana, liegt in salzhaltiger Luft. In dieser im Sommer sengend heißen Unwirtlichkeit hatten sich vor zwei Jahrhunderten Mönche zurückgezogen. Seit sie 1835 das Tal verließen, hat hier nie wieder ein Mensch gelebt

3000 Jahre Geschichte: Was auf dem europäischen Kontinent Kriege und Bagger zerstört haben, ist auf Mallorca noch zu sehen.

Zu Son Real gehört auch Necròpoli. Die Totenstätte aus später Bronzezeit grenzt im Norden an die rauhe Bucht von Alcúdia, ein romantisch-schauriger Anblick bei Mondschein. Noch im letzten Jahrhundert waren die Grabhöhlen auch Verstecke für Schmuggelware

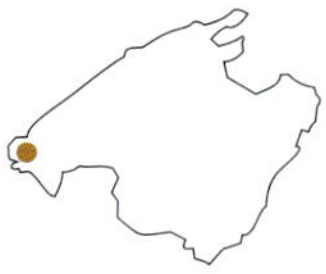

Das dem Meer zugewandte Tal **La Trapa** mit den Ruinen eines 200 Jahre alten Trappistenklosters ist das älteste private Naturschutzgebiet Spaniens

La Trapa – Tal der Mönche

Als wenn er an alles gedacht hätte, der Schöpfer. Am südwestlichen Kap, dort, wo sich das Tramuntana-Gebirge majestätisch aus dem Meer erhebt, um Mallorca vor den kalten Nordwestwinden zu schützen, zieht sich ein zum Meer herunterlaufender Keil durch das Gestein. Das ist Sa Trapa. Seit 1980 gehört das 75 Hektar große Tal der Umweltschutzorganisation GOB. Sie kaufte es, um eine Bebauung zu verhindern.

So ist La Trapa geblieben, was es immer war: ein rauhes Stück Land, das mehr dem Meer zu gehören scheint als der Insel. Versteckt hinter Bergen, uneinsehbar, ein geheimer Ort und ein Härtetest für die Natur. Tosender Wind, salzhaltige Luft, sengende Hitze im Sommer und feuchte Kälte im Winter lassen nur die Hartnäckigsten unter den Pflanzen bestehen: Zwergpalmen, Ginster, Mastixbüsche und Aleppokiefern. Aber selbst die sind bedroht: 1994 vernichtete eine Feuersbrunst den gesamten Wald in nur wenigen Stunden, heute beschert Ziegenverbiss der Wiederaufforstung immer wieder schwere Rückschläge.

Doch diese Unwirtlichkeit ist zugleich auch atemberaubend: Während an die Felswände das Meer seine Gischt spuckt, ziehen Fischadler und Leonorenfalken ihre Kreise über dem mausgrauen, karg bewachsenen Kalksteingebirge. Und noch einen Vorteil bietet die Abgeschiedenheit: Hierher finden nur Menschen mit Ausdauer. Heute naturbegeisterte Wanderer, in der Vergangenheit Mönche.

Auf der Flucht vor der Französischen Revolution hatten sich Mönche des Trappistenordens nach Spanien aufgemacht, und als später, 1803, Napoleon die Pyrenäen überquerte, flohen acht Mönche und 32 Laienbrüder weiter nach Mallorca und verschanzten sich 1810 an dessen äußerstem Ende im Tal Vall de Sant Josep – so hieß La Trapa vor der Besiedlung durch die Trappistenmönche. Dort fanden sie Schutz und jenes harte, einsame und schweigsame Leben, das ihnen ihr Gelübde abverlangte. In aller Abgeschiedenheit arbeiteten die Mönche um die Wette mit einer lebensfeindlichen Natur. Mit Steinmauern legten sie Terrassen an, die Schutz vor Wind und Bodenerosion boten. Schufen ein unter- und oberirdisches Kanalsystem, das Regenwasser auffing, ableiten und speichern konnte. Bauten eine Köhlerei, einen Kalkofen, ein Kloster mit Kapelle und eine Mühle ausschließlich aus Materialien, die ihnen das Tal bot – aus Stein, Holz und Kalk. Sie kultivierten den Boden, säten Getreide, pflanzten Olivenbäume und Weinreben und brachten selbst Obstbäume zum Blühen.

Die Brüder bezwangen die Natur auf so perfekte Weise, dass La Trapa heute mehr ist als nur ein Ort der Geschichte: Der von GOB und dem Inselrat durchgeführte Wiederaufbau des Klosters, der mörtellosen Wassersammelanlage und der Steinmauern gleicht einer Lehrwerkstatt. Handwerker, Maurer und freiwillige Helfer studieren hier die traditionelle Bauweise und setzen ihr Wissen vor Ort sofort wieder um. Später, nach der Fertigstellung, sollen in den wiedererrichteten Klostermauern Wanderer nächtigen und Arbeitsgruppen tagen.

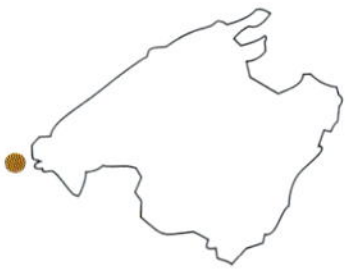

Der Insel **Sa Dragonera** vor der Westspitze Mallorcas ist das Schicksal eines Hotelgettos erspart geblieben. Hier wehrten sich die Mallorquiner 1977 zum ersten Mal gegen den Ausverkauf der Natur

Sa Dragonera – Dracheninsel

Es gibt viele Gründe, die es schwer machen, Sa Dragonera trotz bester Vorsätze zu erreichen. Wenn beispielsweise Kapitän Pepe sich krank fühlt. Oder das Wetter schlecht ist. Oder es Januar und Februar ist – dann lichtet Pepe den Anker seiner „Crucero Margarita“ grundsätzlich nicht.

Das vier Kilometer lange und 300 Meter hohe, unbewohnte Eiland, das in Form eines sich im Wasser suhlenden Drachens am Fuß des südlichwestlichen Zipfels Mallorcas liegt, ist die Keimzelle balearischen Umweltschutzes und das erste Projekt, für das sich Ornithologen, Ökologen und Anarchisten im postfranquistischen Mallorca der siebziger Jahre engagierten. Als bekannt wurde, dass die Insel mit Chalets, Hotelkomplexen und Straßen bebaut werden sollte, protestierte ganz Mallorca. Solange, bis Sa Dragonera gerettet wurde: 1977 besetzen Hippies und Ökologen die Insel, gleichzeitig organisierte die GOB ihre erste Unterschriftensammlung und probte sich im juristischen Widerstand.

Von der Klosterruine La Trapa ist Sa Dragonera zu sehen. Da die Insel Naturpark ist – also der Besuch reglementiert – kann sie nur mit Hilfe der Fähre von Sant Elm besucht werden. Alte Dienstwege führen zu den drei Leuchttürmen, die noch heute Seefahrern den Weg weisen

Zwei Jahre später, im Februar 1979, erlebte Mallorca eine seiner bisher größten Demonstrationen: 4000 Menschen zogen für *Sa Dragonera lliure* („eine freie Dragonera") auf die Straße. Aber erst Ende der Achtziger kam es zur endgültigen Entscheidung. Mallorcas Regierung kaufte die Dracheninsel und erklärte sie 1995 zusammen mit den davor liegenden, kleineren Inselchen zum Naturpark.

Jetzt steht dem Naturerlebnis Sa Dragonera – außer Kapitän Pepes Bedingungen – nichts mehr entgegen. Drei Wanderwege führen vom kleinen Naturhafen zunächst durch Olivenhaine und Wäldchen mit Steineichen und Aleppokiefern hoch zu neuen Leucht- und alten Wachtürmen. Mit der Höhe wird der Inselberg karger und der Blick weiter, über die zerklüfteten Felswände gleiten Falken, Möwen und Kormorane. Im Herbst überqueren hier Scharen von Zugvögeln das Meer Richtung Süden.

Auf Sa Dragonera werden Vögel beringt, und man versucht, die im Frühjahr explodierenden Populationen zu begrenzen. Doch trotz aller Schutzmaßnahmen ist auch hier die Natur nicht mehr im Gleichgewicht. Denn mit den Booten kamen die Ratten, denen auf der Insel natürliche Feinde fehlen. Sie ernähren sich von Resten, die die Möwen von Mallorcas Müllhalden zu ihren Nistplätzen schleppen. Vergiftungsaktionen aber gefährden immer auch andere Tiere; so weiß man heute, dass Schleiereule und Uhu in den Siebzigern einer solchen Rattenvergiftungskampagne zum Opfer fielen.

Trotz allem ist Sa Dragonera ein gutes Beispiel für gelungenen Umweltschutz. Damit die Natur weiter bewahrt wird, können Besucher auf der Insel auch nicht übernachten. Ihre Anzahl wird kontrolliert – mehr als 200 dürfen sich nicht zur gleichen Zeit auf der Insel aufhalten. Aber Kapitän Pepe sei Dank ist das auch noch nie geschehen.

Son Real – Gräber und Dünen

Im glasklaren, azurblauen Wasser vor dem wilden Strand vor Son Real erblickte vor vielen Jahren ein elfjähriger Junge den Schatten eines furchterregenden Kriegers. Carlos Garrido, so der Name des Knaben, wurde von Panik ergriffen und rannte davon.

Derselbe Carlos ist inzwischen einer der bekanntesten Publizisten, Literaten und Wissenschaftler der Balearen und interpretiert heute seine Erscheinung als blühende Kinderfantasie. Rätselhaft bleibt sie dennoch, denn was der Junge damals nicht wusste, ist, dass sich genau dort, wo er seine braun gebrannten Beine im Wasser kühlte, der soweit man weiß größte prähistorische Friedhof des Mittelmeerraums befindet. In den Gräbern der Necròpoli, die zwischen dem siebten vor- und ersten nachchristlichen Jahrhundert entstanden, fanden Archäologen zahlreiche Überreste phönizischer und talaiotischer Krieger.

Doch Son Real ist mehr als ein riesiges Soldatengrab, es ist das erste Objekt, das die Regierung mit Geldmitteln aus der Ökosteuer kaufte. Und somit ein Symbol des Wiedererstarken des angeschlagenen mallorquinischen Selbstbewusstseins. Eine balearische Reconquista.

Das Areal von Son Real ist Mallorca im Kleinen. Jene ursprüngliche Insel, wie sie sich dem Betrachter vor dem Tourismusboom in der zweiten Hälfte des 20. Jahrhunderts darstellte: ein unbebautes und stilles Land mit Menschen, die sorglos darüber hinweggingen, dass hier einst viele Kulturvölker in schnell aufeinander folgenden Zeitabständen ihre Schätze zurückgelassen haben.

Bei Kilometer 18 zwischen Alcúdia und Artà kündigt ein unscheinbares Kacheltürschild Son Real an.

Das 400 Hektar große Landgut **Son Real** zwischen Artà und Alcúdia kaufte die Inselregierung für zwölf Millionen Euro. Bezahlt wurde mit dem Geld der Ecotasa, der Ökosteuer

Son Real ist Mallorca im Kleinformat. Auf dem Landgut werden Schweine, Schafe und Federvieh gehalten. Das Gutshaus stammt aus dem 16. und 19. Jahrhundert

Gerade 27 Häuser hat Ruberts, 17 Familien leben hier. Eine winzige Gemeinde, die sich gegen gesichtslose Neubauten wehrt. Sie wollen weiter Strauße züchten können und das alte Bild ihres Heimatorts bewahren

Der kleine Flecken **Ruberts** südwestlich von Sineu kämpft um sein Gesicht. Ein für Mallorca ungewöhnlicher Prozess

Durch ein verrostetes Eisentor betritt der Besucher das etwa 400 Hektar große öffentliche Landgut: Ackerland mit Mandel- und Olivenbäumen, grunzenden schwarzen Schweinen, Schafen mit Glöckchen um den Hals und gackernden Hühnern. Im Hintergrund dichter Wald mit wilden Steineichen, Pinien, lila blühender Rosmarin und Mastixbüsche voller Heuschrecken. Mitten drin ein Talaiot-Hügel – die Reste einer Siedlung der frühgeschichtlichen Urmallorquiner – und als Saum ein unberührter 1,7 Kilometer langer Küstenstreifen.

Mallorcas letztes intaktes Dünensystem ist nur einen Katzensprung von den Hotelburgen von Can Picafort und Alcúdia entfernt. Hier funktioniert das biologische System „Sandstrand" noch immer. Eine flache Felsküste schließt sich an, mit übereinander geschobenen, in die Luft ragenden Felsplatten: Es sind Höhlen, die in jüngerer Vergangenheit Schmugglern als Warenlager dienten. Und wie zufällig eingebettet in dieses Wirrwarr aus Naturbausteinen liegt Mallorcas große Geschichtsstätte, die Necròpoli.

Der prähistorische Friedhof, der eigentlich Wallfahrtsort aller bedeutenden Archäologen dieser Welt sein müsste, befindet sich auf einer winzigen Halbinsel, die stündlich vom Meer verschluckt zu werden droht. Aufeinander getürmte Felsblöcke formen die heute leeren Gräber, die je nach Epoche rund, quadratisch oder wie kieloben liegende *navetas*, Schiffe, ausschauen. Zwanzig Meter vor dieser Küste liegt die knapp zehn Quadratmeter kleine Illa dels Porros, die Porreeinsel – auch hier wurden Gräber gefunden.

Son Real ist der Beweis, dass Mallorca viel mehr ist als nur ein internationaler Naherholungspark, eine Fremdenbühne. Was auf dem europäischen Kontinent Kriege und Bagger getilgt haben, ist hier noch fast komplett erhalten. Der ganze dreitausendjährige Kalender.

Ruberts – das Dorf

Heute müssen die Strauße warten. Biel Torrens eilt in den Teleclub: Alarm in Ruberts. In der kleinen Siedlung, die am Ende der Welt zu liegen scheint, geographisch aber im Zentrum Mallorcas, gibt es beängstigende Veränderungen. Seit dem Vortag zieht sich eine weiße Linie fein wie Mehlstaub um einen Mandelbaumhain. Und die bedeutet Bautätigkeit. Trotz einer Klage, trotz zweier Expertengutachten, trotz der Unterschriften, die die Leute von Ruberts gesammelt haben, drohen nun dort Wohnblöcke zu entstehen, wo eigentlich nicht dicht gebaut werden darf. In einer Gegend, in der die Landflucht viele leere Häuser hinterlassen hat.

Wie schon ihre Vorfahren beraten auch Biel und Miquel Torrens, María Dolores, María Antonia, Francisca und Lorenzo die Belange ihres Dorfes im Versammlungsort neben der Kirche. Jede Familie

MERIAN | TIPP

La Trapa ist nur zu Fuß von Sant Elm und S'Arracó auf einer schönen, mittelschweren Wanderung zu erreichen. Der Weg ist mäßig ausgeschildert, es gibt keine Einkehrmöglichkeit und der Marsch dauert zwischen einer und dreieinhalb Stunden. Das Tal ist permanent geöffnet – von einer Nachtwanderung allerdings ist abzuraten, da es keine Beleuchtung gibt.

Sa Dragonera Anfahrt mit der Fähre „Crucero Margarita" vom Hafen Sant Elm. 1.Okt.-30.Juni (außer Jan., Feb.) Mo-Sa stündlich von 10.15-13.15 Uhr, Rückfahrt nach Vereinbarung; 1.Juli-30. Sept. Abfahrt Di, Mi, Do, Sa stündlich von 10.15-15.15 Uhr, Rückfahrt nach Vereinbarung; Reservierungen: Tel. 639 61 75 45 und 696 42 39 33, Abfahrt vor Einbruch der Dunkelheit. Keine Übernachtung möglich. Mo, Fr Exkursion auf Sa Dragonera, Abfahrt 11 Uhr. Wichtig: Info am Hafen Sant Elm lesen, da sich Abfahrts- und Exkursionszeiten gelegentlich ändern.

Son Real An der Landstraße zwischen Alcúdia und Artà bei Kilometer 18. Das Anwesen ist immer zugänglich, die Finca tagsüber geöffnet. Führungen unter Tel. 669 10 04 00 (Änderungen vorbehalten)

Ruberts Die Siedlung liegt etwa 7 km südwestlich von Sineu, erreichbar von Palma aus auf der Landstraße, auf Höhe Sancelles nach Osten fahren.

hat einen Vertreter geschickt. „Wenn wir hier nicht zusammenhalten, haben wir keine Chance gegen die Gemeinde", sagt Biel. Die sitzt in Sancelles in fünf Kilometer Entfernung und hat die Baugenehmigung erteilt. Illegal, wie die Bewohner von Ruberts nun vor Gericht beweisen wollen. Den dafür nötigen Mut, sich gegen die Gemeindeverwaltung zu stellen, hat ihnen die Umweltschutzorganisation GOB gemacht, die ihnen beratend zur Seite steht.

Doch wenn Ruberts nicht bleibt, wie es war? Wenn Biel nicht so leben kann, wie seine Vorfahren – mit einem Tag, den der Sonnenstand bestimmt und einem Kalender, der von Brunft, von Brut- und Schlachtfest diktiert wird?

An Ruberts ist Mallorcas Bauboom vorbeigezogen wie ein schweres Gewitter. Zur Zeit leben hier in 23 Häusern 17 Familien, fast alle seit Generationen, die sie schon nicht mehr lückenlos zurückverfolgen können. Die Gemäuer sind mindestens 300 Jahre alt: eine gelb getünchte Kirche zu Ehren der heiligen Carmen, ein Platz davor, der Teleclub, der seinen Namen dem ersten Dorffernseher verdankt, eine Straße, die zwei Kilometer über Kieselsteine zur Landstraße führt und von dort nach Sineu oder Palma. Keine Kneipe, kein Bäcker, kein Zeitungskiosk.

Die Abgeschiedenheit Ruberts war für die Bewohner so wichtig wie ein Deich im Hochwassergebiet. Sie ist heute ein wichtiges Faustpfand für Mallorcas Bemühungen weg vom Massentourismus und hin zu einem Natur- und Kulturbewusstsein. Sollte das Bauprojekt durchgesetzt werden, droht das winzige Dorf auf einen Schlag zu einer der Siedlungen zu werden, die überall auf Mallorca dafür gesorgt haben, das alte Gesicht zu zerstören. □

Marion Müller-Roth, *Jahrgang 1967, lebt seit 2000 als freie Journalistin auf Mallorca und schreibt für deutsche Medien.*
Marc-Oliver Schulz, *Jahrgang 1962 und polyglotter Fotograf, war begeistert von dem Natur- und Kulturreichtum der Insel.*

Vordenker im Naturschutz

Seit 30 Jahren kämpft GOB gegen den Ausverkauf Mallorcas

GOB steht für **Grup Balear d'Ornitologia i Defensa de la Naturalesa,** die Balearische Ornithologen- und Naturschutzorganisation. Gegründet wurde GOB – heute eine der größten und einflussreichsten Umweltschutzgruppen Spaniens – Ende 1973 von einigen Vogelschützern. Inzwischen gibt es mehr als 6 500 Mitglieder und drei Untergruppen: GOB Menorca, GOB Formentera und GOB Ibiza. Sie arbeiten unabhängig voneinander, haben jedoch das gemeinsame Ziel, die Natur zu schützen, zu studieren und Informationen über sie zu verbreiten.
Die Gruppe finanziert sich aus Mitgliedsbeiträgen, Fördergeldern und Spenden. Sie hat bei vielen öffentlichen Projekten und in Entscheidungsgremien beratende Funktion. GOB wird unterstützt von der Royal Society of the Protection of Birds (London), der Zoologischen Gesellschaft (Frankfurt) und dem World Wide Fund for Nature (Genf). Im Besitz der Gesellschaft befindet sich die 75 Hektar große Finca Sa Trapa.
Das Spektrum der Aktivitäten ist riesig: GOB befasst sich mit Städteplanung und Bevölkerungsentwicklung im Zusammenhang mit Erholungs- und Naturschutzgebieten, dem Schutz von Küstenzonen, engagiert sich für die Einrichtung von Naturschutzgebieten und -parks; widmet sich Studium, Katalogisierung und Schutz endemischer Pflanzen und einheimischer Tierarten, diskutiert Fragen zum Ressourcenverbrauch und mögliche Alternativen und arbeitet in ornithologischen Projekten wie dem Beringungsprogramm (Sa Dragonera, Cabrera) sowie der Restaurierung von La Trapa.

Gesellschaft mit beschränkter Hoffnung

Text: Brunhild Seeler-Herzog, Fotos: Wilfried Bauer

Wurde Doña Joana-Adelaida mit Arsen vergiftet, wie man munkelte? Oder erlag die Gräfin einer Lungenentzündung?

Vergiftet war auf alle Fälle die Familienatmosphäre, denn die Verblichene hatte ihr sagenhaftes Vermögen perfiderweise den Neffen ihres Mannes, dem Hause Truyols, vermacht und nicht den Erben in direkter Linie. Die bekamen lediglich klangvolle Titel wie Comtessa de Zavellà. Daraufhin stritten sich die erlauchten Familien vor Gericht so wenig nobel, dass mit der Urteilsverkündung zugleich eine moralische Abmahnung an Mallorcas gesamte *noblesa* erging: „Vor mehr als einem Jahrhundert wurde die Grundherrschaft abgeschafft. Die moralische und gesellschaftliche Herrschaft war Euch geblieben. Setzt Ihr alles daran, auch diese noch zu verlieren?"

Das war im Oktober 1901. „Dass wir überhaupt je etwas verlieren könnten, daran haben wir nicht im Traum gedacht", sagt Doña Mariángela García i Truyols im Oktober 2002 und deutet mit einer weit ausholenden Handbewegung auf die Bucht von Palma. „Wir hatten so viel, dass wir dachten, das würde immer so weitergehen." Doña Mariángela, polyglott, belesen, weit gereist, pflegt Hof zu halten in der *planta noble* ihres Palais in Palmas Altstadt. Von den Ölgemälden an den Wänden blicken die Verwandten herunter, auf dem Flügel stehen sie als Fotos silbern gerahmt.

Doña Mariángela ist mit Gott und aller Welt befreundet, auch mit Bürgerlichen. Die Beziehung zur spanischen Königsfamilie allerdings, die wünscht nicht nur sie, sondern die gesamte Aristokratie Mallorcas sich etwas enger. Wer einen Vicomte Dalmau II. de Rocabertí zu seiner Familie zählen kann, der sein Leben anno 1229 in *captione maioricarum* aushauchte, darf sich zum alten Adel der Insel rechnen: „Eine Aristokratie, die aus Wirtschaftskalkül heraus entstand. Man wollte ein islamisches Land der Krone von Aragonien eingliedern, um den Mittelmeerraum zu kontrollieren", so sieht es der adlige Historiker Pere de Montaner i Alonso.

Den Plan, den *moros* (Mauren) die Insel nach mehr als 300 Jahren wieder abzujagen, hatten Adel, Geistlichkeit und die reiche Kaufmannschaft schon im Jahre 1228 ausgeheckt. Und dabei auch gleich die Beute (Mallorca) säuberlich untereinander aufgeteilt. Viele Eroberer kehrten allerdings aufs Festland zurück und überließen die ihnen zustehenden Ländereien ihren Verwandten aus der katalanischen Aristokratie. Oder reichen Kaufleuten aus dem Roussillon.

Als Bollwerk gegen die Muselmanen waren Neusiedler dringend erwünscht. Natürlich sähe heute jeder in seiner Ahnentafel am liebsten jene, die mit dabei waren, als Jaume der Eroberer am 31. Dezember 1229 in die *Medina Mayurqa* einzog – so hieß Palma während der Besetzung der Mauren. Und doch ist ein Muselmane der direkte Vorfahr etlicher großer Adelsfamilien: Joan Abennàsser Arrom. Der kollaborierte mit den christlichen Eroberern und wurde zum Dank zum *primerísimo civis maioricarum* ernannt. Das Geschlecht der Abennàsser ging schließlich in dem der Santacília auf. Pere de Santacília, der würdevoll aus seinem Goldrahmen auf die Touristen im Herrenhaus von Alfàbia herabschaut, hat in 25 Jahren 325 Menschen ermorden lassen. Er war einer der Anführer der verfeindeten Adelsfamilien, die über 100 Jahre hinweg aus Mallorca ein einziges Schlachtfeld gemacht hatten.

Die Aristokratie lebte jahrhundertelang in Pracht und Macht. Dann kamen die Touristen, Demokratie und der Aufschwung. Heute zehrt der Adel in alten Palästen von Tradition und der Aussicht auf eine bessere Vergangenheit

Eine stolze Familie vor einem ehrwürdigen Gemäuer. In der Kathedrale von Palma ruht Ramon de Torrella, der erste Bischof von Mallorca. Er war ein Vorfahr von Doña Margarita Gual de Torrella y Masanet (links) und Doña Mariángela Garcia i Truyols. Die beiden Cousinen flankieren Joaquín „Xim" Gual de Torrella, den Vater und Onkel der beiden Damen

Von Andratx bis Artà – das gehört doch alles uns

Zu diesen Raufbolden gehörte auch Ramón Zaforteza, dessen Leichnam bei der Totenwache in dichten Schwefelwolken entschwand. Schon zu seinen Lebzeiten hatte Don Ramon mit der Hölle paktiert: Der Teufel persönlich hatte ihm geholfen, neben seinem Wohnhaus in Palma einen Turm zu bauen, von dem aus er eine Nonne im Kloster Santa Clara beobachten konnte. Auch pflegte er Bräute vor der Hochzeitsnacht auf einem grünen Pferd zu entführen. Da er auch seine eigene Frau Doña Francina nicht eben galant behandelte, muss er nun für alle Zeit auf seinem grünen Pferd am Berg Galatzó herumgeistern. Eine dunkle Kammer seines Landgutes heißt denn auch heute noch Geisterkammer; Gäste finden das spannend, denn besagte Kammer ist Teil einer Finca, die sich heute dem Agrotourismus verschrieben hat.

Diesem dunklen Punkt in der Geschichte der Inselaristokratie, ihren jahrhundertelangen Fehden hat die blaublütige Aina Le-Senne ein Buch gewidmet. Denn gerade die Familie Zaforteza ist ein gutes Beispiel für den Ursprung der Inselaristokratie: die Verschmelzung einer Familie von Rittern mit Kaufleuten, den Zaforteza. Schließlich durfte der Adel sein Geld nicht mit Handel verdienen, deshalb war man erfinderisch. Mit Kaperbriefen versehen und mit Strohmännern in offiziösen Handelsgesellschaften hat sich manch Edler ein Zubrot verdient.

Wie sonst hätte man seinen Lebensstil aufrechterhalten und all die Maulesel, Kutschen, Pferde, Bedienstete bezahlen sollen? Die Einkünfte aus Grundbesitz reichten dafür bei weitem nicht aus. Also handelte man mit Saubohnen und Satin, bekam Perücken aus Paris, schickte 276 Stück Käse nach Marseille oder 13 Sklaven nach Genua. „Wir sind eben Phönizier", kommentiert Aina Le-Senne heute lachend, „ein Volk von Händlern".

Die lebhafte „Phönizierin" hat ihre inzwischen acht erwachsenen Kinder liberal erzogen. „Wir wissen, wer wir sind", sagt sie schlicht. „Wir leben mehr nach innen als nach außen." In ihrer Familie gibt es durch Heirat inzwischen Engländer und Deutsche und Schweden. Die Kinder haben längst ganz normale Berufe – Architekten, Banker, Flugkapitäne.

Hochfliegende Pläne hatte auch Joaquín Gual de Torrella, der Großvater ihres verstorbenen Mannes. Besagter Großvater war Präsident der Compañía Aeromarítima Mallorquina, der ersten Luftfahrtgesellschaft Mallorcas. Nach zwei wörtlich zu verstehenden Bruchlandungen geriet auch das Unternehmen in Turbulenzen, die es schließlich nicht überstand.

Aber was macht das schon, wenn man über ganz andere Kontakte zum Himmel verfügt. „Mit dem Bischof von Girona hat unsere Familie schon im Jahr 875 vor Gericht gestritten", erzählt Joaquín „Xim" Gual de Torrella, der Schwager von Aina Le-Senne und seit 1979 der Chef des Hauses Gual de Torrella.

Ramón de Torrella, ein direkter Vorfahr, wurde 1239 zum ersten Bischof von Mallorca geweiht, sein Grabmal befindet sich neben der Fronleichnamskapelle in der Kathedrale. Und ein Papst, Alexander VI., gehört ebenfalls zur Familie. „Wir lebten jahrhundertelang in einer absolut fabulösen Pracht", sagt Doña Margarita Gual de Torrella i Masanet, Xims Tochter, die Nichte von Aina Le-Senne und Cousine von Mariángela. „Und das alles ist in nur 50 Jahren einfach irgendwie weggesackt."

Diese Entwicklung hat Llorenç Villalonga in seinen Romanen „Mort de Dama" (1931) und „Bearn" (1956) vorweggenommen: Der Adel Mallorcas, eine marginierte Gruppe bis in die heutige Zeit hinein, ihr etwas verschlafenes Leben, aus dem sie durch die ersten Touristen des europäischen Geld- und Blutadels der 1920er Jahre jäh aufgeschreckt wurde, weil lautstarke Partys und unanständige Tänze dieses Leben störten. Schon ein Jahrhundert zuvor, bei den Freiheitskriegen gegen Napoleon, hatte man sich ausgesprochen molestiert gefühlt durch das neumodische Gedankengut vom Festland oder, schlimmer noch, aus Frankreich. Zumal einige Töchter aus bestem Hause den Aufstand probten. Für die war es schließlich spannender, mal von Fremden hofiert zu werden als immer und ewig die eigenen Verwandten heiraten zu müssen.

Doch die Eltern waren keineswegs geneigt, die wohlgefügte Welt der Endogamie aufzugeben, hatte man damit und mit dem Fideikommiss schließlich über Jahrhunderte hinweg Macht und Moral, Politik und Pekuniäres bestimmen können. Und nun drangen plötzlich Ausländer in ihre Welt voller archaischer Inselbräuche, in eine Welt, die nie Interesse für das Außenleben gezeigt hatte. Selbst Brautwerber mit höchsten Adelstiteln wurden von der Inselaristokratie verschmäht.

Und dann war in Theater und Literatur plötzlich von Gefühlen die Rede, von der Freiheit, seinen Partner selbst zu wählen. Da vermählte ein aufgeklärter Bischof schon mal Söhne des Adels mit einer Metzgermeisterstochter oder der Tochter eines Flickschusters. Ein Jahrhundert zuvor noch meinte ein Pere de Dezcallar, seine Schwester ermorden zu müssen, weil sie heimlich einen Notar geehelicht hatte. Die Dezcallars waren steinreich, sie besaßen nicht nur das Salzmonopol, sondern auch die Münze samt Besenrecht: Was beim Münzen an Gold abfiel, durften sie für sich persönlich zusammenkehren lassen.

Und dann, im 20. Jahrhundert, stellten wiederum Fremde alles auf den

Hundert Jahre mallorquinischer Adel: Familienfoto der Truyols von 1900, aufgenommen auf ihrem Landgut Son Vida, das heute ein Luxushotel im Nordwesten Palmas ist

Kopf. „Damals besaßen wir so viel, dass es auf ein bisschen doch gar nicht ankam. Grundbesitz am Meer war völlig uninteressant, da wuchs ja kaum etwas. Aber er war strategisch wichtig für die Militärs. Also haben wir ihn ihnen geliehen. Ohne Vertrag. Und dann rückten sie es nicht mehr raus. Die Kaufleute waren schlauer. Die haben sich immer alles Schwarz auf Weiß geben lassen," sagt Dona Margarita .

Die Inselaristokraten verschliefen die Entwicklung, überließen die Industrialisierung dem reichen Bürgertum. Und mussten ohnmächtig zusehen, wie mit der neuen Tourismuswelle der 1960er Jahre der völlig uninteressante Landbesitz am Meer sich als Tischleindeckdich samt Goldesel entpuppte. Ihre Ländereien im Innern warfen nicht mehr genügend ab – die Landarbeiter konnten sich ohnehin ihr täglich Brot in den Küstenhotels leichter verdienen. Die Krise war da, der Zug abgefahren. Einige konnten noch aufspringen.

Wie die Dezcallars. Sicherlich würde Pere de Dezcallar die Ehe seiner Schwester mit dem unerwünschten Notar heute diplomatischer handhaben. Die Söhne seiner Nachfahren wurden Diplomaten; Jorge Dezcallar ist Chef des spanischen Geheimdienstes; das ehrwürdige Altstadtpalais, wo seine Altvorderen die Münzen des Königreichs Mallorca prägten, ist noch heute Familienresidenz.

Wenn schon kein Gold mehr, dann wenigstens Perlen, muss sich ein weiteres Familienmitglied, Guillem Dezcallar, gesagt haben. Sein dickes Aktienpaket an den vom Nodkap bis nach Feuerland in Dutyfreeshops und an Bord unzähliger Airlines vermarkteten *perlas majórica* hat er rechtzeitig

Der Stammbaum der Familie des Pere de Montaner i Alonso. Genealogische Schriften wie diese gehören zum Fundus der Biblioteca Can Vivot: Mit ihren 10 000 Büchern, Landkarten, Inkunabeln und Stichen gilt diese Familienbibliothek als eine der schönsten der Welt

Binnen 50 Jahren haben wir fast alles verloren

mit ebenso dickem Gewinn verkauft, bevor die Nachfolger das Unternehmen fast in den Ruin trieben. Auch José und Neffe Pere de Montaner Cerdà hatten eine gute Idee; noblesse oblige, und so inszenierten sie auf einem ihrer Landsitze mittelalterliche Ritterturniere, Abendessen inklusive, und die Touristen kamen in Scharen.

Hingegen beschäftigt sich Cousin Pere de Montaner i Alonso als Historiker streng wissenschaftlich mit der Vergangenheit. Als Chef des Archivs der Stadt Palma ist er Herrscher in Can Bordils, einem Adelspalast aus dem 16. Jahrhundert, doch auch zu Hause kann der zum Uradel der Insel zählende Archivar aus dem Vollen schöpfen. Sein Vater, der Conde de Zavellà, bewohnt den Can Vivot. Das unter Denkmalschutz stehende Anwesen mit dem größten Patio Palmas birgt neben Waffensaal und Musiksalon, neben einer bedeutenden Pinakothek und Gesellschaftsräumen auch die in der Zeit Philipps V. errichtete Bibliothek mit etwa 10000 Bänden vom 13. bis zum 19. Jahrhundert, Inkunabeln, Stichen, Landkarten. Eine der schönsten der Welt.

Die Pflege ihrer Bibliotheken lag der Aristokratie besonders am Herzen. Xim Gual de Torrella hegt die Dokumente des Hauses Gual de Torrella, beginnend mit dem Jahr 1230, im Archiv des Königreichs Mallorca. Was Wunder, Don Xim, Jahrgang 1916, ist ohnehin ein wandelndes Geschichtsbuch. „Von Jaume dem Eroberer wurde zu Hause nur in der Gegenwart gesprochen, wir lebten mit der Geschichte und in der Geschichte, für uns war das alles völlig natürlich," sagt seine Tochter Dona Margarita.

Und ihre drei erwachsenen Kinder? Welche Werte vermittelte sie ihnen? „Liebe. Respekt. Traditionsbewusstsein. Eine gepflegte Sprache. Höflichkeit." Was ihnen Mallorca bedeutet? Dona Margarita und ihre Cousine Mariángela lieben die Insel. Aber hin und wieder müssen sie raus, meinen sie. Sie genießen es, sich mehrsprachig in der Welt zu bewegen – nicht unbedingt ein Charakteristikum der übrigen Inselbevölkerung. *Machísmo* – gibt es den noch? „Aber ja", nur lasse man sich einfach nicht mehr alles bieten. Schließlich lebe man nicht mehr zur Zeit des Conde de Ayamans. Der überfiel das Kloster, in dem seine Frau wegen seiner schlechten Behandlung Schutz gesucht hatte, wobei die in strenger Klausur lebenden Nonnen

Dona Mariángela Garcías i Truyols wohnt gediegen fein. Wie beim europäischen Adel üblich, präsentiert auch sie ihre Familie silbern gerahmt

„in der Nacht und nur mit Nachthemd bekleidet flüchten mussten", wie die Chronik missbilligend anmerkt.

Wie die zwei Cousinen sind es heute die Frauen, die sich von ihren Männern trennen, ihre Kinder allein erziehen. Beide haben bürgerlich geheiratet. „Statistisch gesehen gehen solche Ehen schneller auseinander;" kommentiert Dona Mariángela trocken ihre gescheiterte Ehe. Also beim Adel mehr Edles? „Natürlich nicht. Auch da gibt es alles. Drogen, Schulden, sogar Armut." Was es für sie bedeutet, zum Adel Mallorcas zu gehören? „Es ist alles in dem Wort Dekadenz begriffen", sagt Margarita und wirkt so ästhetisch wie Cousine Mariángela energisch, „ich fühle mich, als gehörte ich einer seltsamen Rasse an. Ich weiß nicht – vielleicht wie die *gitanos*, die Zigeuner."

„Wir sind kein elitärer Verein", versichert José Francisco de Villalonga y Morell, Sekretär der Unión de la Nobleza del Antiguo Reino de Mallorca. Er ist so entwaffnend unprätentiös, dass man es ihm aufs Wort glaubt. Don José Franciscos Vorfahren haben bei der *Conquista* mitgekämpft, ihnen gehörte das heutige Museu de Mallorca und der Palau Solleric, in dem sich nunmehr die Schickeria und wer sich dafür hält ein Stelldichein gibt. Aber Jet-Set und Schickeria interessieren die meisten Aristokraten der Insel ganz und gar nicht. Dahin geht man nicht.

Der Adel Mallorcas, eine geschlossene Gesellschaft? „In einige dieser Kreise dringt kein Außenstehender ein", bestätigen Margarita und Mariángela. Nur wenn es um die eigene Geschichte geht, sucht man freiwillig den Kontakt mit der Welt draußen. Ziehen beispielsweise am 31. Dezember beim Festzug der Festa de l' Estendard zur Erinnerung an die Eroberung Mallorcas plötzlich Reiter mit, die sich fälschlicherweise nach Sant Jordi, dem Heiligen Georg, benennen (eine Bruderschaft, die früher ausschließlich dem Adel vorbehalten war), dann meldet sich Romà Pinya Homs in der Presse. Der ist Professor für historisches Recht und Präsident der Reial Acadèmia Mallorquina d'Estudis Genealògics, Heràldics i Històrics, einer Gesellschaft öffentlichen Rechts, der nicht nur der Adel, sondern auch Historiker angehören.

Ansonsten trifft man sich jede Woche in der Acadèmia und plaudert über Gott und die Welt „Ich bin hier so was wie ein Faktotum", amüsiert sich der 86-jährige Don Joaquín Xim und rasselt mit dem Schlüsselbund. „Manchmal mache ich auch den Pförtner." Sagt's und schließt die Tür ab. □

Brunhild Seeler-Herzog *lebt seit 1986 als Literatur-Übersetzerin auf Mallorca.* **Wilfried Bauer**, *Grandseigneur der Fotografie, genoss es, hinter die herrschaftlichen Fassaden sehen zu dürfen.*

Den Innenhof des Stadtpalais Can Vivot von 1230 schmückt eine Loggia auf roten Marmorsäulen. Seine Maße sind fürstlich: Er ist der größte Palmas

Geschichtsclub mit hoher Adelsquote: Aufnahme eines neuen Mitglieds in die Reial Acadèmia Mallorquina d' Estudis Genealògics Heràldics i Històrics

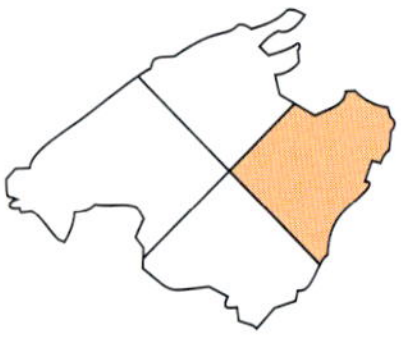

Der OSTEN: Steilküsten mit Buchten, im Norden Strände. Hügeliges fruchtbares Land im Inneren

SOS FERRES D'EN MOREY Die Überraschende

Die 1896 erbaute und 2002 als Landhotel eröffnete Finca liegt in einer der schönsten Ecken der Insel mit Ausblick auf die zehn Kilometer entfernte Bahia d'Alcúdia. Von hier ist es nicht weit zu den Buchten der Nordostküste oder einem von fünf Golfplätzen. Das **kleine Landgut** präsentiert sich in schlichter Eleganz, die vier Suiten und das Doppelzimmer sind luftig möbliert – mit Sisalteppichen auf kühlen Fliesen und einem Mix aus alten Bauern- und modernen Designermöbeln. Blickfang ist ein kreisrunder Pool, aber auch jedes der verwinkelten Zimmer überrascht – mit Dachterrasse oder Panoramafenster. Die Gäste schwärmen von der mallorquinischen Küche des Besitzer-Paares Lorenzo Morey und Margarita Severa, von den selbst gemachten Spezialitäten. Service ist, bei Finca-Hotels selten, rund um die Uhr verfügbar.

SOS FERRES D'EN MOREY *(H 4) Manacor, Tel. 971 55 75 75, Fax 971 55 74 74, finca@sosferres.com, www.sosferres.com, DZ/Suite/F ab 84 bis 190 €,* **SLZ** *Erklärung der Kürzel s. S. 86*

SON GENER Die Puristische

Die Mutter aller Fincas im modisch puristischen Stil, durch den der mallorquinische Architekt Antonio Esteva bekannt geworden ist. Ihm gehört auch das Anwesen aus dem 18. Jahrhundert, das im Gebirge bei Artà thront. Zweieinhalb Jahre dauerte die Restaurierung des Landsitzes, der seit 1998 als Hotel seinen Gästen vor allem Ruhe bietet. Alles ist klar, licht und edel gestaltet. Die zehn luxuriös ausgestatteten Junior-Suiten sind mit Sandsteinböden und Steinwannen versehen. Bei so viel Stilsicherheit stimmen natürlich auch die anderen Details in diesem **Architekturtraum:** Die Bademäntel wurden eigens für die Finca angefertigt, die Kosmetik im Bad ist Marke Bulgari.

SON GENER *(I 4) Son Servera, Tel. 971 18 37 36, Fax 971 18 35 91, songener@todoesp.es Junior-Suite/F 230 €* **D/SBLA**

S'HORT DE SA BEGURA Die Einfache

Wir erreichen den kleinen Bauernhof auf Feldwegen, fahren an Zuckerrohrfeldern entlang und über Täler der hügeligen Serra de Llevant. So ursprünglich wie in diesem Landstrich zwischen Artà und Cala Millor zeigt sich Mallorca nur noch selten. Der voll **bewirtschaftete Bauernhof** mit Federvieh, Katzen, Schafen, Eseln, Ponys und einem kleinem Pool bietet vor allem Familien mit Kindern abwechslungsreiche Ferien auf dem Lande. Sieben Mini-Apartments mit Selbstverpflegung bietet der Landwirt Guillermo Pont Ferrerias an, jedes hat ein oder zwei Schlafzimmer sowie einen Küche-Wohn-Essraum.

S'HORT DE SA BEGURA *(H/I 4) Sant Llorenç des Cardassar, Tel./ Fax 971 84 31 38, sabegura@sabegura.com, www.sabegura.com, App. ab 78 €, Selbstverpflegung* **SAF**

Rustikale

Text: Andrea Tapper

Die Finca Sos Ferres d'en Morey bei Manacor ist die klassische Anlage eines mallorquinischen Landguts

Residenzen

Auf den Fincas wird der Traum vom mallorquinischen Landleben wahr. Zwischen Pinien und Lavendel, auf dem Pferd und im Pool, am Kamin und Klavier. Es gibt einige hundert Fincas und Finca-Hotels. MERIAN zeigt die fünfzehn seiner Wahl

Urlaub auf der Finca – aber der richtigen!

Interview mit Brigitte Förster, Direktorin des staatlichen Finca-Dachverbandes Associacío Agroturisme Balear

MERIAN: Was versteht man unter einer Finca?
Antwort: Einen alten Bauernhof, ein Landanwesen, einen Herrensitz oder auch ein altes Stadthaus. Die Idee des Finca-Urlaubs stammt aus den späten achtziger Jahren und gewinnt seitdem an Popularität: Seit Gründung des staatlichen Verbandes 1989 ist die Zahl unserer Häuser auf über 115 angewachsen – immer mehr Gäste wollen hier das andere, das ländliche Mallorca kennen lernen.
Einzel-Finca oder Finca-Hotel – was ist besser? Der Trend geht zum kleinen Finca-Hotel oder zur Finca mit Apartments. Beide Varianten bieten Landurlaub mit Hoteldienstleistungen – Roomservice, Frühstück, in vielen Häusern wird abends gekocht. Im „Agroturisme"-Programm haben wir überwiegend solche Finca-Hotels.
Gibt es für Fincas eine Art Sterne-System wie bei Hotels? Ein Gütesiegel? Wir unterscheiden drei Klassifizierungen: Agroturisme, Hotel Rural und Turisme d'Interior. Agroturisme sind Landgüter mit maximal zwölf Zimmern oder Apartments, sie müssen vor 1960 gebaut worden und noch bewirtschaftet sein. Ziel war und ist, Bauern eine Chance zu geben, am Tourismus zu partizipieren – ohne diese neue Übernachtungsform wären viele Güter nicht zu erhalten gewesen. Fincas dieser Art gibt es von extrem einfach bis extrem luxuriös. Ein Hotel Rural hat mindestens Vier-Sterne-Qualität, muss vor 1940 gebaut worden sein und darf maximal 25 Zimmer haben. Unter Hotel Interior fallen alte Stadthäuser mit maximal acht Zimmern und mindestens Drei-Sterne-Qualität.
Sind alle Fincas Ihrem Verband angeschlossen? Wir vertreten rund 85 Prozent der Finca-Hotels. Einzel-Fincas werden auch über Privatagenturen vermietet, da gibt es seriöse und weniger seriöse Anbieter. Einige Finca-Besitzer vermieten ihrer Häuser auch selbst, ohne die gesetzlichen Auflagen zu erfüllen.
Woran erkenne ich ein gutes Haus? Jede Finca, jedes Finca-Hotel hat etwas Besonderes. Unsere erste Frage an den Urlauber ist: Was erwarten Sie? Die Architektur und das Interieur beispielsweise werden immer wichtiger. Wer's raffiniert minimalistisch mag, wird in rustikalen Räumen verzweifeln; wer Anschluss sucht, kann sich in einem ruhigen exklusiven Finca-Hotel mit drei Zimmern sehr einsam fühlen.
Wer ist der typische Finca-Gast? Es sind reiseerfahrene Leute, die keine anonymen Hotelgäste sein wollen. Also den Kontakt mit Mallorquinern schätzen und ausserdem gern gut essen.
Was halten Sie vom Finca-Hopping? Also jede dritte Nacht in einem anderen Landgut verbringen? Finca-Hopping ist eine gute Art, immer wieder andere Häuser, andere Landstriche kennen zu lernen. So werden Sie schnell feststellen, wo Sie gern auch länger Urlaub machen würden.
Anmerkung: Die meisten Hotel-Fincas sind auf Kurzbesucher eingestellt, in Einzel-Fincas mit Selbstverpflegung ist die Mindestmietzeit meist eine Woche.

Andrea Tapper, *freie Autorin in Hamburg, kennt Fincas seit langer Zeit: 1977 lebte sie ein Jahr lang auf einem Mallorquiner Landgut.*

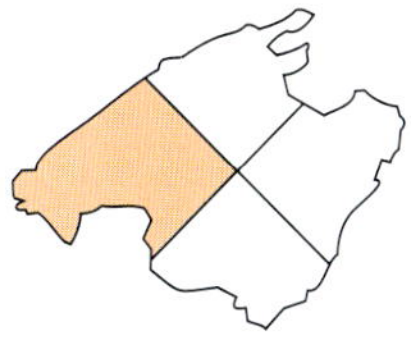

Der WESTEN: An der Nordküste die bizarre Bergwelt der Tramuntana, am Südwestzipfel Orte mit Klasse, an der Badia de Palma große Hotelanlagen

SON BLEDA Die Intime

„Wie bei Freunden wohnen, aber ohne Zwänge", lautet die Finca-Philosophie der beiden Besitzer Dieter Rahmel und Thomas vom Hofe. Über elf großzügige Suiten und Apartments, die meisten mit Küche und Kamin, verfügt das **hochherrschaftliche Anwesen**. Für rund vier Millionen Euro hat das Kölner Duo die Finca mit antiken Möbeln, moderner Kunst und arabischem Spa eingerichtet. Es gibt eine Hauskapelle und rundherum 60 000 Quadratmeter eigenes Land. Alles begeistert die Gäste so sehr, dass sie die Finca kaum verlassen.
SON BLEDA *(D 3) Sóller, Tel. 971 63 34 68, Fax 971 63 24 26, info@sonbleda.de, www.sonbleda.de, Ap. und Suiten/F p. P. von 60-140 €.* **DBL**

Erst Kloster, dann Adelssitz und jetzt Stätte des Luxus für Geist und Körper: die Finca Son Bleda

S´ARDEVIU Die Liebenswerte

Allein der Blick aus dem Fenster: fast bedrohlich nah die schroffen Felsformationen des Tramuntana-Gebirges, verschachtelt die Dächer von Sóller. Durch ein Portal mit Jugendstil-Glastüren betritt der Gast die typisch mallorquinische Eingangshalle mit alten Truhen und dem Salon zur Linken. Das **elegante dreistöckige Stadthaus** ist ein Hotel Interior, das Einblick gewährt in die für Fremde sonst verborgene Architektur Sóllers. Das junge Ehepaar Isabel Bispal und Francisco Sampol hat das Familienerbe in sechster Generationen vor dem Verfall gerettet. Schon einmal war das Haus eine Herberge – vor 700 Jahren. Später diente es als Gemeindehaus, danach als Mädchenheim. Adrett und fein strahlen heute der Frühstücksraum, die sieben Zimmer und der romantische Pavillon im Innenhof.
S'ARDEVIU *(D 3) Sóller, Tel. 971 63 83 26 Fax 971 63 83 15, sardeviu@gmx.net, www.sollernet.com/sardeviu, EZ/F ab 65 €, DZ/F ab 95 €* **SStZLF**

CA'N POMA Die Gemütliche

Vor sechs Jahren kamen die beiden Hamburger Hans-Heiko Ramspeck und Bernd Reshöft ins Tramuntana-Gebirge. Auf halber Anhöhe zwischen Sóller und Deià bauten sie das 300 Jahre alte wildumrankte „Apfelhaus" aus. Seitdem verwöhnen sie die Gäste ihrer **Bergfinca** – bei exzellentem Preis-Leistungs-Verhältnis. Im Kamin-Salon kann gemeinsam diniert und geschmökert werden, genügend Rückzug bieten die Terrassen der sechs großzügigen Doppelzimmer mit Ausblick auf die Berge.
Ca'n Poma *(D 3) Sóller, Tel./ Fax 971 63 25 60 www.canpoma.com, DZ/F 84-125 €* **DBLA**

LOS NARANJOS Die Verspielte

„Ein Luxushotel im Stil eines Privathauses" wünschte sich der Besitzer, ein deutscher Geschäftsmann. Das ist es geworden: viel Glanz – vergoldete Wasserhähne, englische Landhausmöbel, Leopardenkissen – und alles wirkt sehr privat. Anders als viele Fincas wird die **Hacienda in einem Orangenhain** auch von Singles besucht, die sich am Pool treffen, bei Weinproben, Gourmet-Events und Malkursen Gesellschaft finden. Das Finca-Hotel hat acht Doppelzimmer und drei Suiten, und von den neun Fenstern der Turmsuite kann man (fast) bis nach Palma blicken.
Los Naranjos *(D 4) Palma, Tel. 971 43 90 00 Fax 971 43 84 83, hotel-naranjos@2001.es, www.hotellosnaranjos.com, DZ/F ab 168 €, Suite ab 280 €* **DZL**

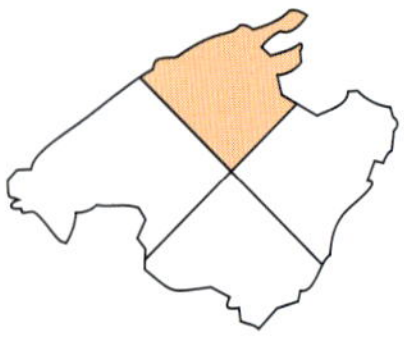

Der NORDEN: Am Meer wilde Felsformationen, aber auch weite Buchten

Draussen leben: Predio Son Serra bietet eine wunderbare Kombination aus Hotel- und Sporturlaub

PREDIO SON SERRA Der Klassiker

Schlammstiefel und Pferdemist hatten wir befürchtet, stattdessen finden wir ein mit Palmen dekoriertes Forsthaus aus dem 18. Jahrhundert vor, mit großem Pool und 15 großzügigen Doppelzimmern in drei Nebengebäuden. Dieter Süssmann und seine Frau beherbergen Gäste, die sowohl einen Aktiv-Urlaub wie auch die gepflegte Landhotel-Atmosphäre schätzen. Es gibt sieben Pferde auf dem **Reiterhof**, und zum Tagesprogramm gehören nicht nur Strandausritte zur nahen Bucht von Alcúdia, sondern auch geführte Wanderungen, Wasserski. Abends Kerzenlicht-Dinner am großen Tisch, „denn", sagt Dieter Süssmann, „auf einer Finca sollen die Gäste zusammenkommen." Der langjährige Neckermann-Chefreiseleiter für die Balearen, seit 1984 einer der Pioniere des Finca-Urlaubs auf Mallorca, ist ein Profi – auch als Koch. Köstlich die Karotten-Aprikosen-Cremesuppe und das Kaninchen in Zwiebelsauce, souverän der Gastgeber. Kein Wunder, dass die Hälfte der Dinnergesellschaft Stammgäste sind.

PREDIO SON SERRA *(G/H 3) Muro, Tel. 971 53 79 80, Fax 971 86 05 40, son-serra@gmx.net, www.finca-son-serra.de DZ/F ab 126 €, DZ mit Halbpension ab 156 €* **DMZF**

ES CONVENT Die Lukullische

Das mehrfach preisgekrönte Restaurant ist noch geschlossen, aber bei unserer Ankunft am späten Nachmittag dürfen wir sofort einige *hors d'œuvres* probieren. Es gibt Landschinken Iberico und ein Garnelen-Carpaccio. Hier würden wir gern länger bleiben! Tatsächlich bucht so mancher Mallorca-Gourmet sein Zimmer hier allein wegen der Küche und der mit feinen Weinen gefüllten Bodega im Keller. Das mit gotischen Rundbögen versehene **400 Jahre alte Stadthaus** ist gleichermaßen exquisit: umgebaut und eingerichtet von Mallorcas Stilguru Esteva. Die Eingangshalle des ehemaligen Nonnenklosters ist mit Kieselsteinen ausgelegt, was das rustikal-bäuerliche Ambiente unterstreicht. Die vier klimatisierten Luxusdoppelzimmer haben Sandsteinböden, halb offene Bäder und moderne Himmelbetten; sie wirken so warm wie das gesamte Haus, in dem sich neun Angestellte um maximal acht Gäste kümmern.

ES CONVENT *(G 2) Alcúdia, Tel. 971 54 87 16, Fax 971 54 98 03 www.esconvent.com, hotel@esconvent.com, DZ 150 €* **SStMZ**

SON PONS Die Moderne

Mutter und Tochter haben einen Traum verwirklicht. Ingrid und Astrid Wolter aus der Nähe von Düsseldorf regieren auf dem dörflichen Herrensitz. Ihr Verwandter Manfred Tumfart kaufte 1997 das Anwesen aus dem 13. Jahrhundert und entkernte es zwei Jahre lang gründlich. Und da er Professor für Innenarchitektur ist, wurde ein Designer-Kleinod daraus: Früher verstecktes Mauerwerk liegt offen, altes Ackergerät stellt sich als Skulptur dar, und im Natur-Pool wachsen Ziergräser. Neben drei Doppelzimmern und drei Suiten bietet das **dörfliche Anwesen mit lauschigem Garten** auch noch Platz für Festivitäten. Ein Schweizer Schauspieler-Paar feierte hier Hochzeit – der Überlieferung nach wurde schon immer auf Son Pons viel getanzt.

SON PONS *(F 2) Campanet-Ullaró, Tel. 971 51 68 37 Fax 971 50 91 27, info@finca-son-pons.de, www.finca-son-pons.de DZ/Suite/F 130-230 €* **DZL**

LA SALVE Die Luftige

Die Einzel-Finca für Selbstversorger mit zwei Etagen und Wohngalerie, drei Doppelzimmern und Bädern, einem Superpool (13 mal 6 Meter) und dem freien Blick bis zum Cap Formentor vermittelt ein modernes **Loft-Gefühl** im Mallorca-Urlaub. Nachmittags geht man hier geruhsam auf historische Spurensuche, denn das Natursteinhaus bei Pollença steht auf römischem Siedlungsgebiet.

LA SALVE *(F/G 1) Pollença, MC Fincaservice, Kurfürstenstraße 34 80801 München, Tel. 089/48 74 21, www.fincaservice.de info@fincaservice.de, 1-6 Pers. ab 1612 € p. Woche* **MLF**

MERIAN | TIPP Finca-Agenturen

Associació Agroturisme Balear
Av. Gabriel Alomar i Villalonga 8-A Palma, Tel. 971 72 15 08
www.agroturismo-balear.com
agroturismo@mallorcanet.com
Staatlicher Finca-Dachverband. Telefonische Beratung auch in deutscher Sprache.

M-Collection
Son Sart Nou, Cas Concos
Tel./ Fax 971 84 23 23
Mobiltelefon 626 27 51 77
MCollection@ web.de
Die Privatagentur vermittelt rund ein Dutzend feine Landhotels. Im Angebot sind auch besonders für Golfspieler interessante Fincas.

MC Fincaservice
Kurfürstenstr. 34, 80801 München, Tel. (089) 48 74 21, Fax 48 73 56, www.fincaservice.de
Das deutsch-mallorquinische Unternehmen mit Büros in München und Port de Pollença hat rund 150 Fincas und Villen für Selbstversorger im Angebot: Häuser für 1 bis 10 Personen von rund 900 bis 5000 Euro pro Woche. Ein Mietwagen ist eingeschlossen. Die Firma unterhält einen Schalter am Flughafen in Palma, wo Auto- und Hausschlüssel in Empfang genommen werden können.

Bedeutung der Kürzel: D=deutsch geführt, **S**=spanisch geführt, **St**=Stadtfinca, **M**=meernah, **B**=in den Bergen, **Z**=zentral gelegen, **L**=besonders schöne Landschaft, **A**=abgelegen, **F**=familienfreundlich

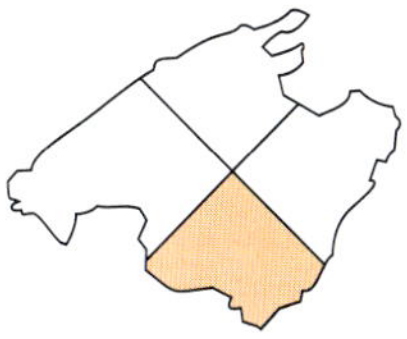

Der SÜDEN: Ländlich still im Inneren. Die Küste zeigt zwei Gesichter: im Süden kleine von Felsen gerahmte Buchten, im Westen lange Sandstrände

SON BERNADINET Die Ruhige

Auf die Frage, was die Hausherrin Francisca Bonet von Beruf sei, sagt die Hausdame Leonara ein wenig indigniert: „Nun, sie ist eine Señora." Nein, keine, die über den Dingen schwebt und allenfalls Anweisungen gibt, sondern eine, die sich mit Menschen und der Natur beschäftigt. In der **weitläufigen Edelfinca**, die ganz in Weiß- und Naturtönen gehalten ist, fügen sich das alte Mauerwerk und modernes Design harmonisch zusammen. Im Garten von Son Bernadinet gedeiht Gemüse nach den gestrengen Richtlinien des ökologischen Anbaus. Das etwa 200 Jahre alte Anwesen nahe der Stadt Campos (rund 15 Minuten vom Strand Es Trenc entfernt) verströmt Ruhe und Harmonie. Seit 1998 wird es von der Familie Bonet als Finca-Hotel betrieben. Es gibt elf großzügige Zimmer und Suiten sowie mehrere Salons, die auch durch Kamine und Klavier ihre gemütliche Atmosphäre gewinnen. Zwischen Haus und Pool wandelt der Gast an üppigen, duftenden Rosmarin- und Lavendelbüschen entlang. Und auf dem Rückweg ins Zimmer schlägt er vielleicht eine Seite im „Zen-Begleiter" auf, der in der Lobby liegt.

SON BERNADINET *(F/G 6) Campos*
Tel. 971 18 16 50, Fax 971 18 60 43
www.todoesp.es/son-bernadinet
sonbernadinet@teleline.es
EZ/F 135 €, DZ/F ab 165 € **SMLA**

AMAPOLA Die Junge

Langweilig wird's hier nie: Die 2002 eröffnete Finca Amapola, ein modern geführtes **quirliges Landhaus**, das ein wenig Sylt-, aber auch Mexiko-Flair hat. Das ockergelb gestrichene „Klatschmohn"-Anwesen mit seinen elf Zimmern und Suiten – drei davon separate Familieneinheiten mit Extra-Pool – sieht nicht einmal aus wie eine Finca: Was einst ein alter Bauernhof war, erinnert heute eher an ein hübsches, kleines Strandhotel, das vom Meer abgehoben durch die Luft geflogen und auf einem Acker gelandet zu sein scheint, acht Auto-Minuten entfernt von Mallorcas Lieblingsstrand Es Trenc. Dort steht es zwischen wiegendem Pampas-Gras und Kakteenhainen. Mit einem Superpool, modern mediterranem Interieur und neuester Unterhaltungselektronik ausgestattet. Das junge Besitzer-Paar Nicole Bibard und Jörg Hertner hat noch viel vor: Oldtimer-Vermietung, Rundflüge, Segeltörns. Entspannen kann man sich auf den nicht einsehbaren Terrassen und Patios vor den großzügigen Zimmern.

AMAPOLA *(F/G 6) Campos, Tel. 971 65 02 44, Fax 971 65 15 30*
info@finca-amapola.com, DZ o. Suite/F p.P. 65 - 150 €
Suite/F (2 Erw. + 1 K.) kompl. ab 170 € **DMF**

POSSESIÓ BINICOMPRAT Die Temperamentvolle

Klaviermusik klingt in der Eingangshalle, in der Hauskapelle brennen rote Kerzen. Juana Oliver, die Hausherrin, empfängt ihre Gäste, eine moderne Frau in einem traditionellen Haus. Das seit 500 Jahren im Familienbesitz befindliche Anwesen Binicomprat ist nicht nur ein **herrschaftliches Landgut** mit Nebengebäuden, sondern auch Weingut. Eines von zweien, das die Familie Oliver unterhält. Hier werden jährlich 30 000 Flaschen Can Ribas abgefüllt. Auf dem 150 Hektar großen Landbesitz mit Rebstöcken, Pinien und einem Steineichenwald ist reichlich Platz für Gäste, Pool und Pferde ergänzen das Angebot. Die Wohnküche des Haupthauses ist behaglich, geschmackvoll eingerichtet sind auch die zwei Doppelzimmer und acht Apartments. Sie liegen in den ehemaligen Ställen, sind teils als Maisonette gebaut, 50 bis 80 Quadratmeter groß und mit Kitchenette und Kamin ausgestattet. Ein einsam, aber doch zentral gelegenes Haus in der Inselmitte: Palma ist mit dem Auto gerade mal 20 Minuten entfernt.

POSSESIÓ BINICOMPRAT
(E/F 5) Algaida
Tel. 971 12 50 28
Fax 971 66 57 73
bincomprat@wanadoo.es
www.fincabinicomprat.com
DZ/F 105 €, App/F für
2-4 Pers. 124-196 € **SZLF**

SANT BLAI Die Urige

Oktober, der erste Herbststurm auf der Insel. Fensterläden klappern, der Blick schweift über platte Äcker, Wetterleuchten am Himmel. Pedro Juez stapft, mit seinem vierjährigen Sohn Carlos an der Hand, in Gummistiefeln vom Eselsgehege in die gute Stube. Über die Finca, die der Pilot seit 1997 mit seiner auf den Kanaren geborenen Frau betreibt, sagt er: „Es ist kein Hotel, es ist ein **einfaches Bauernhaus.**" Hippie-Flair und Country-&-Western-Stimmung prägen es, die schlichten Quäker-Möbel in den zwei Suiten mit Kochgelegenheit und den zwei Doppelzimmern haben echte Patina. Hier ist nichts fein dekoriert, doch alles liebevoll durchdacht: Im roten Kühlschrank in der offenen Küche lagern Getränke, daneben eine Auswahl von Wein, warme (!) Milch steht für den *café con leche* bereit, und Lavendelzweiglein liegen als Duft-Potpourri neben den Betten. Für leidenschaftliche Sternegucker gibt es sogar ein kleines Observatorium. Finca pur ist das Programm, und die Kinder sind auch glücklich, weil sie einen Esel, ein Pony und einen Pool haben, und weil der unbebaute Strand Es Trenc nur fünf Autominuten entfernt ist.

SANT BLAI *(F/G 6) Campos, Tel./ Fax 971 650 567, agroturismo@santblai.com, www.santblai.com, DZ/F 96 €, Suite/F 128 €* **SMF** □

In drei Etappen zum Radlerglück

Die Westküste ist die Königsdisziplin der Radler. Die Nordostspitze aufregend, der Süden sanft: Mallorca passt zu jeder Beinmuskulatur

Text: Marc Bielefeld, Fotos: Michael Müller

Traumhaftes Etappenziel: Wo der Torrent de Pareis ins Meer mündet, ist eine gewaltige, steilwandige Erosionsschlucht entstanden

Der Mann, der die Bikes vermietet, heißt Hans Bumiller, aber alle nennen ihn Bumi. Bumi hat Waden, die an zwei Punchingballs erinnern, steckt in blauroten Thermo-Tights und ist schon 100 000 Kilometer über Mallorca geradelt. Er muss es wissen.

Ich treffe ihn in seiner Werkstatt, er schraubt gerade an einem briefmarkenflachen Sattel. Ob er nicht ein paar Tipps für die Tramuntana habe? Sei bekanntlich die schönste Ecke der Insel. Ich will in den Bergen entspannt einige Tage auf dem Rad sitzen, Mallorca aus der Nähe entdecken. Mehr sehen als sonst.

„Nimm die Küstenstraße hoch bis Sóller, fantastischer Blick!", sagt Bumi. „Danach am besten über den Gipfel Puig Major und rauf in den Norden." Eine traumhafte Zwei-Tage-Tour, versichert er.

Wirklich? Ich habe noch vage die Karte im Kopf und rechne. Bumi redet über Tagesetappen von weit über 100 Kilometern. Durch schwieriges Terrain, wohlgemerkt. Hält er mich für Eddie Merckx? „Macht Bombenspaß", sagt Bumi. „Wie Fliegen."

Am nächsten Morgen übergibt er mir ein silbergraues Merida „Starfire 1200"-Trekkingbike mit Federgabel, Heckstoßdämpfer und 24-Gänge-Schaltung – verglichen mit meinem alten Zwanzig-Kilo-Koloss zu Hause eine Art Düsenjäger.

Der Blick vom Fahrradsattel ist wie aus dem Flugzeug

Von wegen fliegen. Schon die ersten Kilometer sind erstaunlich anstrengend. Ich keuche die Hänge hoch, Richtung Serra de Tramuntana, wo ich laut Radführer auf „malerische Hirtendörfer, Orangenplantagen und umhertollende Schafe" stoßen soll.

14 Kilometer auf Haarnadel-Serpentinen durch eine wilde Karstlandschaft und wechselnde Vegetationszonen: Sa Calobra, ein Meisterstück der Straßenbaukunst, fordert langen Atem

Abseits der Routen ist Radeln ein Abenteuer

Städte und Dörfer aber sind radfreundlich: In Pollença kann man bequem bis in die Stadtmitte radeln. In Fornalutx sind die engen Gassen mit ihren Treppchen breit genug, um das Rad auch mal zu schultern

Manche Pausen sind so schön, dass der Radfahrer sein Rad vergisst

Pollença ist ideal für einen Stopp. Nirgendwo gibt es so viele Cafés und Restaurants. Die Stühle vor den Bars an der Plaça sind Logenplätze, laden ein zur Muße und zum Beobachten des kleinstädtischen mallorquinischen Alltags

Jetzt bloß nicht gleich überanstrengen. Erst mal sachte weiter die berühmte Küstenstraße, von der man jetzt schon aufs Meer blickt, als schaue man aus dem Flugzeug.

Bald, an Andratx vorbei, ragen die ersten Berge in den Himmel. Steile graue Felsrücken, durchwachsen von Pinien und Aleppokiefern. Mein Rad kriecht den Asphalt hoch, der sich immer weiter in eine Urwelt windet, vorbei an Steinkorridoren, Schluchten

und immer Schwindel erregenderen Abhängen. Willkommen im Radlerdorado Mallorca!

Es ist Mittag. Laut Bumis Plan also höchste Zeit, an Deià vorbei zu sein und irgendwo an der Küste Richtung Sóller. Statt dessen taucht der Mirador de Ricardo Roca auf, ein Aussichtspunkt, wo ich mich schnaufend hinsetze und auf Peter und Stefanie treffe.

Die beiden kommen aus Palma, haben heute schon 60 Kilometer geschafft und sind obendrein mit riesigen Packtaschen beladen, was auf eine Inselumrundung schließen lässt. Ob sie es wirklich bis heute abend nach Sóller schaffen wollen? „Na sicher", sagt Stefan. „Wenn man erst mal im Rhythmus ist, läuft's doch von ganz allein." Eindeutig Nichtraucher.

Am späten Nachmittag habe ich 50 Kilometer geschafft und entscheide, Bumis Tour-Pensum kurzerhand zu halbieren. Es hätte auch keinen besseren Grund geben können als François: Der jätet gerade in seinem Kräutergarten.

Ich danke meinem Fahrrad, dass es mich zu François getragen hat

Der Franzose hat vor sechs Jahren daheim alles stehen gelassen, sich eine Ruine in den Bergen von Estellencs gekauft und führt nun eines der gemütlichsten und abgeschiedensten Hotels der Insel, das Sa Plana Petit Hotel. Das Beste aber ist, dass François ein eiskaltes Glas Wein auftischt, saftigen Fisch zubereitet und noch sagenhafter Gitarre spielt; bis weit nach Mitternacht fliegen seine Finger im Flamenco-Rhythmus über die Saiten. Ich lausche jedem Ton und danke meinem Rad, dass es mich hierher getragen hat.

Moderne Gangschaltungen wirken Wunder. Selbst mit schwerem Kopf komme ich am nächsten Tag tatsächlich die Anhöhen rauf und spule Meile um Meile gen Norden. Auch das mit dem Rhythmus klappt auf einmal, man muss nur irgendwie durchhalten und langsam, aber stetig treten. Irgendwann radelt es sich von allein.

Ein Pass führt sogar wieder etwas bergab. Welch Hochgefühl! Welch rasante Hemmungslosigkeit! Schon will ich ungebremst talwärts rasen, als mich fast einer dieser Mietwagen rammt, deren Insassen bei Tempo 80 nichts anderes zu tun haben als mit riesigen Landkarten vor der Windschutzscheibe rumzufuchteln. Also lieber wieder artig langsam.

Eintauchen, sich treiben lassen: So macht Radfahren Spaß

Drei Stunden später kommt endlich Port de Sóller in Sicht. Bumi hätte wohl nur einmal kurz in den Powerriegel gebissen und wäre weitergerauscht. Aber die Gassen des Fischerörtchens zwingen einfach zum Verweilen. In einem Delikatessenladen bestelle ich ein kalorienschweres *bocadillo* mit viel Schinken und Käse und kaufe beim Bäcker ein riesiges Stück Schokoladentorte. Unten, vor der kleinen Hafenbar, wischen sie die Tische ab und servieren den Bauarbeitern ihre *carajillos*, einen *café solo* mit Brandy. Ich setzte mich dazu und bestelle gegen jeden guten Ernährungstipp einen *rosado*, süffigen Roséwein. So macht Radfahren Spaß. Sich treiben lassen. Die Winkel entdecken. Eintauchen.

Die meisten Biker auf der Insel verstehen unter Fahrradferien etwas anderes. Sie fegen mit strömungsgünstigen Helmen und kondomengen Leibchen über die Straßen, rasen mit rasierten Beinen durch die Gegend. Wollen sich in wenigen Tagen in Topform strampeln – preschen in großen Teams an den Mallorquinern, den Dörfern vorbei und liefern sich Sprints und zehrende Marathons im Gegenwind: Der *cicloturismo* ist inzwischen allgegenwärtig.

Als die Kellnerin meinen *rosado* bringt, hält vier Tische weiter eine dieser Radlergruppen. Man trinkt hastig ein Iso-Gebräu, bastelt am Bike-Computer: eine Siesta mit dem Charme eines Boxenstopps – schon nach zehn Minuten brechen sie wieder auf und verschwinden im Höllentempo Richtung Gipfelregion.

Dahin, wohin auch ich muss. Ach, zur Hölle mit Bumis Zeitplan. Warum nicht noch den Nachmittag, den Abend, die Nacht an diesem schönen Ort verschwenden? Ein bisschen an den Nippesläden entlangrollen, die Holzboote der Fischer angucken, die Ziellosigkeit mit dem Recht auf Faulheit genießen? Abends fahre ich noch hoch zum Leuchtturm, es ist kein Mensch da. Die Sonne geht unter, das Meer schimmert dunkelblau. Mein Fahrrad und ich sind glücklich.

Am nächsten Morgen fühle ich mich bärenstark, mein Kreislauf ist auf Touren, die Muskeln sind fit. Dies ist

Etappenziel Port de Sóller. In der einzigen Hafenbucht der Tramuntana drängen sich Fischerboote und Ausflugsschiffe

der Tag, die Gipfelregion zu überqueren: So fahre ich los. Fast anderthalbtausend Meter wachsen die schroffen Felsrücken plötzlich nach oben, stechen lotrechte Klippen aus den Pinienwäldern. Und mitten durch dieses Szenario schlängelt sich die Straße, die der Fahrradguide lapidar als „mittelschwere" Etappe fürs Bergtraining ausweist.

Auf 1000 Meter Höhe überfällt mich tiefes Selbstmitleid

Nach 100 Metern bergauf schalte ich in den untersten Gang und wische mir ein Rinnsal Schweiß von der Stirn. Zwei Biegungen später gibt eine abgebrochene Steineiche den Blick auf die Gipfel des Puig Major frei: Die Straße als Endlos-Serpentine schraubt sich 15 Kilometer weit ins Himmelreich, wie ein gigantischer Korkenzieher – mit über zehn Prozent Steigung! Eine Abkürzung hat der Radführer nicht parat. Statt dessen eine Binse: „Wer die Berge runter will, muss sie erst mal hinauf."

Nach 200 Höhenmetern reduziere ich auf Schneckentempo. Nach 600 verspüre ich ein bestialisches Ziehen in Waden und Oberschenkeln und halte weiter durch. Nach über zwei Dritteln der Strecke aber ballert mein Herz jenseits jeder noch unbedenklichen Pulsfrequenz.

Eine Kiefer am Straßenrand bietet Schatten. Ich setze mich, ächze und trinke einen Schluck Wasser. Um hier hoch zu kommen, so viel ist sicher, muss man eine Kreuzung aus Jan Ullrich und einem Bulldozer sein. Dann zieht auch noch Nebel auf und verhüllt die Berge. Eben noch schweißgebadet, wird mir im Nu eisig kalt. Ein Wind bläst und bringt die wenigen Tannen und Büsche, die nahe der Baumgrenze überleben, zum Heulen.

Schlagartig wird mir klar, dass ich mich mehrere 100 Meter über Normal Null und somit in stark verdünnter Luft befinde. Für einen meerverliebten Norddeutschen eine Grenzerfahrung, die er nur aus Büchern kennt. Prompt kommt mir der Neuseeländer in den Sinn, der in Jon Krakauers Everest-Drama steif gefroren am Gipfel festsitzt. Tiefes Selbstmitleid überfällt mich.Dann schnellen auch noch vier Rennradfahrer vorbei, gefolgt von zwei voll besetzten Ausflugsbussen, deren Insassen an den Scheiben kleben und mich angaffen wie ein verendendes Tier in einem Nationalpark. Wut packt mich. Gerade will ich umkehren, da kommt José Emilio Ortá des Weges.

Ein Märchen auf Mallorca: José Emilio Ortá steuert einen schrottreifen Kleinlaster, transportiert Dachlatten und einen Betonmischer nach Los Arcos hinter den Bergen, mit einem Händewisch winkt er mich auf seine Ladefläche. José hat einen dicken Bauch, trägt trotz starken Dunstes eine Sonnenbrille und brettert einhändig stets nur Zentimeter am Abgrund vorbei. Wohin ich als nächstes wolle, fragt er, an seiner Kippe kauend.

„Über die Berge!", sage ich. „Und dann zum Kloster Lluc."

„Zum Kloster? Vergiss es!", meckert er, „zu viele Touristen und zu viele Souvenirshops." Die Mönche, behauptet José, seien auch nicht mehr das, was sie mal waren. An der heiligen Stätte würden sie inzwischen aufblasbare Delfine und I-love-Mallorca-Kappen verhökern. „Fahr lieber runter an die Küste, ist wunderschön da unten", rät er und knechtet seine Rostlaube über den Coll de Puig Major. In Los Arcos entlässt er mich.

„Muchas gracias!" Ich bin über den Berg! „Tranquilo", ruft José, wirft die Kippe aus dem Fenster und verschwindet in einer Staubwolke.

Eine Kurve bergab katapultiert mich blitzartig in eine andere Welt

Glückswende. Ab jetzt geht es abwärts. Die Karte zeigt eine sehr lange Straße, die mit drei roten, dicken, nach unten gerichteten Pfeilen markiert ist. Meine „Starfire"-Maschine beschleunigt ohne einen Pedaltritt. Mit wehendem Hemd sause ich am Stausee Pantá de Cúber vorbei, der grün und karg in der Sonne liegt. Eine Kurve katapultiert mich blitzartig in eine andere Welt, nun habe ich üppige Weinterrassen zur Seite. Ich surfe, rase die Hänge runter. Durch Landschaften, die an die schottischen Highlands erinnern und über eine Straße, die wie eine Startbahn vor mir liegt.

Die Felsen jagen vorbei, die Wiesen verschwimmen im Fahrtwind, und die balearische Inselwelt vor dem Lenker beginnt zu vibrieren. Das Rad fährt mit gemessenen 60 km/h. Aber es fühlt sich schneller an. Bumi, dieser Teufelskerl, hatte tatsächlich Recht. Ich fliege! □

Marc Bielefeld, *Jahrgang 1966 und Journalist in Hamburg, radelt jeden Tag, an dem es nicht regnet, zur Arbeit.* **Michael Müller,** *Jahrgang 1960, hat als autofahrender Fotograf den Autor darum beneidet, radeln zu dürfen.*
Die Route dieser Tour ist auf der Faltkarte eingezeichnet.

Morgenstunde am Cap de Formentor. In der Frühe ist der Radler am spektakulären Nordkap noch allein mit den hochmütigen Bergziegen. Am Ende der Straße ist auch Mallorca zu Ende

MERIAN | TIPP

Touren mit und ohne Steigung

Drei Routenvorschläge durch abwechslungsreiche Landschaften

Wer mit dem Fahrrad unterwegs ist, sieht mehr von Mallorca und kann überall anhalten. Ein eigener Radstreifen am Fahrbahnrand ist eher selten, doch die meisten Strecken sind wenig befahren. Wer zu Buchten und Stränden will, sollte ein Trekkingrad wählen, da viele Anfahrten über Schotterwege führen. Die größten Anforderungen stellen die Bergetappen der Serra de Tramuntana, Nordosten und Süden sind eher eben. Mietstationen für Trekking-, Renn- und Mountainbikes gibt es in fast jedem Ort. Kosten: 6 bis 14 € pro Tag.

RADTOUREN-VERANSTALTER

Mallorca Sportiv – Sport- & Erlebnisreisen Klaus und Heiko Botsch, Tel. (026 02) 18 09 99, www.mallorca-sportiv.de
Balear-Reisen im Club Pollentia Tel.(042 30) 94 24 29 oder auf Mallorca Tel. 971 74 70 00, www.balearreisen.de
Philipp's Bike Team Tel. (05 21) 136 00 30, www.radferien-mallorca.com

TOUR 1: SERRA DE TRAMUNTANA

Die anspruchsvolle Tour auf der Küstenstraße C710 erfordert je nach Kondition zwei bis vier Tage Zeit (s. Text S.88 und Faltkarte).
Start: Andratx. Auf der ca. 180 Kilometer langen Strecke gibt es Höhenunterschiede bis zu 1000 Meter.
Ziel: Cap de Formentor.
Unterkünfte:
Sa Plana Petit Hotel Carrer Eusebi Pascual, Estellencs, Tel. 971 61 86 66, www.terra.es/personal4/phsaplana, DZ ab 74 € Vier Doppel- und ein großes Vierbettzimmer, alle mit Bad und Kamin. Schöne Ausblicke und gute Regionalküche.
Porto Sóller Migjorn 2, Port de Sóller, Tel. 971 63 17 00, www.hotelportosoller.com DZ ab 39 € Modernes Hotel am Hang mit Blick auf die Bucht und den Hafen.
Hotel Juma Plaça Major 9, Pollença, Tel. 971 53 50 02, www.hoteljuma.com, DZ ab 86 € Schönes, kleines Hotel in der Altstadt.

TOUR 2: DER NORDOSTEN

Eine Tour für Genießer, denen es nicht auf gefahrene Kilometer ankommt, sondern auf urtümliche Landschaft, viel Natur, alte Städte und einsame Strände.
Start und Ziel: Cala Rajada
Verlauf: über Capdepera nach Artà, dann über die C712 Richtung Westen, nach ca. 10 km rechts ab an die Strände von Colònia de Sant Pere. Zurück nach Artà, von da über gut befahrbare Schotterstraßen Richtung Nordosten an die Strände Cala Mitjana, Cala Torta und Cala Mesquida. Von Cala Mesquida über Capdepera zurück nach Cala Rajada. **Länge:** ca. 60 Kilometer
Stopps: **Capdepera:** An der Plaça Orient gibt es viele Bars für eine Erfrischung, von dort aus schöner Blick auf die alte Burg. **Artà:** Die zinnenbewehrte Burg mit der Wallfahrtskirche Sant Salvador ist ebenso einen Besuch wert wie die berühmten Tropfsteinhöhlen Coves d'Artà 10 km südöstlich an der Küste. **Strände:** An der Nordostküste liegen viele versteckte Buchten. Kleine Strandbars mit Drinks und Snacks.
Unterkunft:
Ca'n Pedrus Carrer Sa Pedruscada 30, Cala Rajada/Capdepera, Tel. 971 56 51 89, Fax 971 56 51 85, hotel.can.pedrus@bluemail.ch, DZ ab 38 € pro Person Ruhiges Hotel mit 21 Zimmern im einfachen spanischen Stil abseits des touristischen Zentrums von Cala Rajada.

TOUR 3: DER SÜDEN

Über gute, wenig befahrene Straßen. In ebener Landschaft kommt man gut voran. Allerdings serpentinenreiche Auffahrt zum Puig de Randa.
Start und Ziel: Cala Mondragó
Verlauf: Von Cala Mondragó, einer der schönsten Buchten der Insel, bis Santanyí, links ab auf die PM-610 über Ses Salines an die Platja des Trenc, weiter über Sa Ràpita, Capacorb nach Llucmajor, Abstecher über Randa zum Puig de Randa. Über Porreres und Campos zurück. **Länge:** ca. 110 Kilometer.
Stopps: Santanyí hat eine schöne Altstadt aus gelbem Sandstein. An der Platja des Trenc, dem fünf Kilometer langen Naturstrand, gibt es Kiefern, Dünen und kräftige Brandung. Sehenswert ist die vorzeitliche Talaiot-Siedlung von Capocorb Vell. Von hier aus führt ein Radwanderweg nach Llucmajor. Im Café Colón gibt es köstliche bocadillos! Nördlich von Randa liegt das Randa-Massiv mit drei berühmten mittelalterlichen Einsiedeleien. Vom Gipfel (542 m) wunderbarer Panoramablick über Mallorca. **Campos:** ein gemütliches Städtchen mit buntem Markttreiben (Do u. Sa).
Unterkünfte:
Hostal Playa Mondragó Cala Mondragó, Tel. 971 65 77 52, Fax 971 64 35 66, mondrago@teleline.es, EZ ab 29 € Modernes, familiäres Hotel nahe der Bucht. 41 Zimmer mit Terrasse.
Es Recó de Randa Carrer Font 13, Randa, Tel. 971 66 09 97, Fax 971 66 25 58, www.mallorca-travel-selection.de/agro/esreco.htm, DZ ab 72,60 € Drei-Sterne-Hotel im Landhausstil.

>>> weitere Tipps im Info-Teil ab Seite 108

Der Reiseführer Gottes

Andreas Ahnert arbeitet, wo andere Urlaub machen. Der Niedersachse ist evangelischer Pfarrer auf Mallorca, Menorca, Ibiza und Formentera. In jeder Hinsicht ein Sonderfall

Text: Thomas Gebhardt, Fotos: Knut Müller

Flagge zeigen in der Diaspora

In der Nebensaison nimmt Pfarrer Ahnert den kurzen Dienstweg. Dann finden die Gottesdienste an der Platja de Palma gleich im Hotel RIU Bravo statt: zwischen Kursen im Handlesen, der Veranstaltung eines Reikimeisters und einem Vortrag zum Thema „Sei gut zu deinen Zähnen!"

Außerhalb der Saison ist die Urlauberzahl selbst an der Platja überschaubar. Zu dieser Zeit reisen jene an, die von Reiseleitern „Silberlöckchen" genannt werden und hier überwintern. Den Bridge-Tisch widmet Pfarrer Ahnert zum Altar um, eine Lautsprecherbox zu Kanzel und Lesepult.

Für Ahnert nichts Ungewöhnliches. Es ist sein täglich Brot, im Namen des Herrn zu improvisieren. Lebensnah und nur auf den ersten Blick kirchenfern. Gott sei schließlich überall, da ist sich der 43-Jährige sicher. „Gesponsert von TUI", ist ins Gesangbuch gestempelt – wie man eben so arbeitet. „Paulus hat sich in Athen auch auf den Jahrmarkt gestellt, um zu predigen."

Ahnerts Jahrmarkt sind die Balearen, neben Mallorca gehören Ibiza, Menorca und Formentera zu seinem Amtsbereich. An sieben Orten predigt er regelmäßig – mehr als 250 Mal im Jahr gibt es einen deutschen evangelischen Gottesdienst auf den Balearen. Am Heiligen Abend kommen 6000 Besucher in die Kathedrale von Palma, es ist der größte deutschsprachige Gottesdienst außerhalb Deutschlands.

„Ach, Mallorca!" Wenn Ahnert erzählt, wo er arbeitet, assoziieren seine deutschen Kollegen damit Urlaub, Palmen, Strand und Ballermann. Die Realität sieht anders aus: Unter dreieinhalb Millionen deutschsprachigen Touristen und 50000 Residenten gibt es viele, bei denen der Inselgeistliche die Differenz zwischen Erwartung und Wirklichkeit ausgleichen muss: bei all den gescheiterten Paradies-Suchern und gestrandeten Saisonarbeitern, den vereinsamten Alten. „In einem abstürzenden Flugzeug gibt es keine Atheisten", sagt der Pastor mit mildem Lächeln, weil er, wenn er richtig in Form kommt, nicht nur bibelfest ist, sondern auch gern Anekdoten erzählt, als wären es Gleichnisse.

Es ist Ende Oktober, und seit viereinhalb Monaten hat Andreas Ahnert kein predigtfreies Wochenende, war in diesem Jahr noch nicht einmal im Meer baden. Als „Pfarrer der Deutschsprachigen Evangelischen Gemeinde auf den Balearen" steht Ahnert seit sechs Jahren einer Kirche aus dem Kofferraum vor. In sein Auto passt alles – Abendmahlsgeschirr, Trompete, Gitarre, zusammenlegbares Kreuz. Alles, was ein Mann Gottes braucht, der ohne eigene Kirche, dafür mit einer Gemeinde lebt, deren Mitglieder sich über ein Gebiet größer als das Saarland verteilen. Jede Menge Fahrerei.

„Meine Kirchen sind auch deine Kirchen", hatte der Bischof von Palma Ahnert zur Amtseinführung mit auf den Weg gegeben. Christ sein wird in Spanien landläufig mit Katholik sein gleichgesetzt, auf den Abgesandten der Evangelischen Kirche in Deutschland wartete auf Mallorca nicht mal ein eigenes Gotteshaus. In der Diaspora gilt die deutschsprachige Gemeinde lediglich als eine Art Freikirche.

Donnerstagnachmittag. In der Seniorenresidenz Es Castellot in Santa Ponça südwestlich von Palma ist das wöchentliche Treffen eine schöne Tradition inklusive Meeresblick. Wie immer hat Ahnert viele Hände zu schütteln. „Leben auf Mallorca, Steuern zahlen in Deutschland", heißt das Thema des heutigen Vortrags. Drei Dutzend braun gebrannte Alte tratschen über die Sonne, die noch im Spätherbst auf die Markisen knallt, plaudern über ihr tägliches Bad im Mittelmeer. Vorne steht Ahnert mit dem ihm eigenen ernsten Humor: „Gebt dem Kaiser, was des Kaisers ist. Lasst Gott, was Gottes

An sieben Orten predigt Pfarrer Ahnert regelmäßig. Die Kapelle Sometimes liegt 500 Meter hinter dem Strand von S'Arenal zwischen Balneario 9 und 10

ist", übersetzt er die Thematik und erteilt einem jungen Mann das Wort, der alsbald das Faltblatt „Zuzahlungen für Arzneimittel, Brillen und sonstige Hilfsmittel" verteilt. Das Thema erzeugt nur wenig Interesse, denn in Steuersachen kennt sich jeder aus, der es bis hierher geschafft hat. Im Schlusswort vergisst Ahnert nicht den Hinweis, dass die Kirchensteuer eine absetzbare Sonderausgabe sei.

„Es ist mir wichtig, Menschen zusammenzubringen, auch über niedrigschwellige Angebote", sagt Ahnert. Damit meint er Kochen für Männer nach biblischen Rezepten, Gottesdienste unter Mandelbäumen oder am Pool und auch den Besuch eines Weinguts nach der Andacht – erst das Spirituelle, dann der Sprit, der Zweck heiligt die Mittel. „Man muss die Menschen dort abholen, wo sie sich wohlfühlen." Es habe etwas Pfäffisches, Leute klein und zu Sündern zu machen.

So einen wie Ahnert schaltet man gern ein, auch im Fernsehen. Als TV-Pfarrer macht er zweimal wöchentlich gute Quote. „Man muss im TV den Bezug zum Lokalen stärker betonen und schneller auf den Punkt kommen", so der Pfarrer, als hätte er den Moderatoren-Beruf studiert: ein moderner Missionar in Deutschlands Paradiesgarten, auf den Balearen für alle und alles zuständig – für sozial Schwache und Millionenschwere; für Ruheständler wie auch für Youngsters nach Alkohol-Exzessen. Jeder Tag kann einen neuen Klienten bringen.

André zum Beispiel. In Deutschland straffällig geworden, landete der Underdog auf Mallorca, hielt sich mit Tagelöhner-Jobs einen Sommer über Wasser und stand am Saisonende mittellos vor Ahnerts Haustür. Der sammelte in der Gemeinde und ging mit ihm Zelt und Luftmatratze kaufen. „Wir hätten ihn auch irgendwo einquartieren können, aber das wäre zu bequem gewesen. Etwas Leidensdruck muss sein", sagt Ahnert. Stattdessen ermunterte er André, sich seiner deutschen Vergangenheit zu stellen.

Frau Kirschner wiederum, ehemals Schauspielerin, war nach 30 Jahren zum Sozialfall geworden, für sie war Mallorca schon lange nicht mehr das Paradies. Ahnert setzte sich dafür ein, dass sie einen Platz im Marie-Seebach-Stift in Weimar, Deutschlands einzigem Seniorenheim für Bühnenkünstler, bekam. Elsbeth Kirschner kehrte Mallorca im Alter von 94 Jahren den Rücken. „Viele Alte wären in Deutschland besser aufgehoben, weil sie dort vom sozialen Netz aufgefangen werden", erklärt Ahnert. Es gibt Altersheime, in die geht er nur mit schwerem Herzen hinein und ebenso wieder raus. Schätzungsweise 15 Prozent der 12 000 bis 14 000 auf Mallorca lebenden deutschen Rentner fristen ein Dasein unterhalb der Armutsgrenze.

Aber auch Junge scheitern auf der Suche nach der neuen Heimat Süden. Gerade mal fünf Prozent schaffen es, sich hier eine Existenz aufzubauen. Schlecht vorbereitet, mit einem Ideal-Ich in der Reisetasche und getrieben von einem Nur-weg-von-Deutschland-Gefühl, müssen sie sich nach zwei, drei Jahren eingestehen, dass es nicht klappt. Ein schmerzhafter Prozess, „denn aus dem Paradies geht man nicht freiwillig, sondern wird vertrieben."

Es ist Sonntagnachmittag in Peguera, eine Siedlung westlich von Palma: touristische Monokultur, Deutsch ist Verkehrsprache in Restaurants, Boutiquen, Friseursalons und allsonntäglich auch im Templo Católico. Ahnerts zweiter Gottesdienst an diesem Tag: frisches Beffchen und eine Predigt mit geglücktem Einstieg. Während er spricht, blickt er über die Bänke, hebt bei Wichtigem die Stimme, sich auf die Zehenspitzen und lässt die geöffnete Hand im Raum stehen. Schaut der versammelten Ferienwelt direkt in die Augen. Es

Heiraten mit Gott und Pfarrer auf Mallorca: Bei der Feier ist Ahnert willkommener Gast

geht um das Paradies: In der Ahnung vom Paradies liegt für Ahnert der Ursprung aller Reisen. Von Jerusalem im Gelobten Land, seiner Exotik und seinen Wallfahrtsstätten, aber auch dem Lärm und den Trinkgelagen, dem Tumult und den Verbrechen, dem Egoismus und der Habgier, schlägt er versiert den direkten Bogen: „Jerusalem – das ist auch Arenal und Mallorca!"

Wer in einem Pfarrhaushalt groß geworden ist, dem kommen solche Vergleiche ganz selbstverständlich über die Lippen. Ahnert, im niedersächsischen Uelzen aufgewachsen, als sechstes von sieben Kindern und einziger Sohn der Familie, wollte als Vierjähriger schon Pfarrer werden. Schausteller konnte er sich später noch vorstellen, und so zog es ihn nach dem Abitur über die Jahrmärkte. Ihm gefiel das Vagabundieren, das Verwegene. Als braver Sohn studierte er dann doch: Zahnmedizin, Philosophie, Theologie in Edinburgh und Göttingen. Erst während des Studiums entschied er sich, das Hobby zum Beruf zu machen und sich nicht auf zehn Kubikzentimeter Mundhöhle zu beschränken.

Seine erste Pfarrstelle war zugleich seine bisher letzte in Deutschland. „Die göttliche Vorsehung hat mich ins Teufelsmoor geschickt", sagt er heute, „wo im Herzen die Kirche steht und der Pfarrer die ihm Anbefohlenen noch zu Fuß besuchen kann." Im siebten Jahr merkte Ahnert, dass er zum Erntefest nichts Neues zu sagen hatte, bewarb sich mit 70 anderen auf die Pfarrstelle auf Mallorca und war noch vor dem achten Jahr weg.

Jetzt lebt Familie Ahnert in Ses Cadenas bei S'Arenal in der Reihenhaussiedlung Bella Vista – 200 Meter von einem Schrottplatz entfernt und 300 Meter von einer fußballfeldgroßen, beständig schwelenden wilden Müllkippe. Direkt unter der Pfarrwohnung liegt der Gemeinderaum, der bei jedem Regen von Wasser bedroht ist.

Marie-Theres Ahnert weiß, was ihr Mann leistet: „Er arbeitet, als hätte er einen Großkonzern zu führen." Um ihn überhaupt mal zu sehen, fährt die 41-jährige Lehrerin den umtriebigen Geistlichen schon mal zu Terminen und packt manchmal auch die vierjährigen Zwillinge Juliane und Jonathan ein.

„Rückreise hat Wirklichkeit im Rücken", sagt Andreas Ahnert während der Rückfahrt vom monatlichen Residententreffen. „Man hat gesehen, was los ist und weiß, dass die Welt eine zwiespältige Angelegenheit ist." Diesmal fand das Treffen in Sancelles im Inselinneren statt. Die 60 Residenten, Ahnert und sein katholischer Kollege Robert Kramer, von ihm zärtlich „Roberto" genannt, haben das Haus der seelig gesprochenen mallorquinischen Nonne Francisca-Ana Cirer besucht: Gelebte Ökumene, und das gemeinsame Mittagessen war Teil davon. Blinker links, Blinker rechts, Stressprogramm eines Mannes, der weiß, dass die Ein- und Ausfahrten auf Mallorcas Highways dicht aufeinander folgen. Und dass der Versuch, Residenten und Touristen unter einen Hut zu bringen, kaum zu meistern ist.

Für fünf Jahre entsendet die Evangelische Kirche ihre Pastoren ins Ausland, länger nicht. Diese Regel gilt auch in Konzernen, damit Mitarbeiter fern der Zentralen nicht „verbuschen". Um drei Jahre hat Ahnert bereits verlängert und könnte sich damit anfreunden, zwei weitere Jahre dranzuhängen. Mit einer Einschränkung: „Meiner Frau und den Kindern kann ich das wohl kaum zumuten", sagt er und meint den unerträglichen Gestank ums Pfarrhaus.

Was kommt danach?

„Das ist die Frage. Vielleicht wieder Ausland." Deutschland könnte zu reglementiert sein, bei all den Freiräumen, die ihm die Balearen bieten. Wo er Reisebegleiter und Suchender in einer Person ist, Diplomat, Manager und Anwalt, wortgewaltiger Urchrist und zweifelnder Philosoph. „Hier ist man sein eigener Herr", beschreibt Andreas Ahnert seinen Arbeitsplatz und verbessert sich: „sein eigener Bischof."

Selbst die Liturgie richtet sich nach den Bedürfnissen des ökumenischen Sonderfalls Mallorca. Ein beseeltes Sammelsurium aus evangelischen – also lutherischen, unierten, reformierten – und katholischen Mosaiksteinen. Exotisch genug, dass ihr ganz eigener Ablauf als liturgischer Knigge ins Evangelische Gesangbuch geklebt werden muss, damit sich Besucher zurechtfinden. Friedensgruß und Abendmahl stehen in jedem Gottesdienst nebeneinander, so wie Baptisten, evangelische und katholische Christen und sogar Atheisten in Ahnerts Auditorium zusammensitzen.

„Denn der Mensch sucht Gemeinschaft", sagt der deutsche Pfarrer. Und jeder Glaube führe in die Gemeinschaft. Immerhin sind seine Gottesdienste im Hotel RIU Bravo in der Nebensaison die Veranstaltungen mit den meisten Besuchern. Aber erst nach dem Blutdruckmessen. □

MERIAN | TIPP Kirche

HEIRATEN AUF MALLORCA

Eine kirchliche Trauung ist grundsätzlich möglich, wenn folgende Voraussetzungen erfüllt sind:

1. Bescheinigung der standesamtlichen Eheschließung, sofern Deutschland der erste Wohnsitz ist.
2. Bestätigung des heimischen Pfarramts/der Diözese, dass beide Eheschließende als Kirchenmitglied gemeldet sind und die Zuständigkeit für die kirchliche Trauung an den Pfarrer auf Mallorca übertragen wird.

Ev. Gemeinde: Tel. 971 74 32 67
Kath. Gemeinde: Tel. 971 26 45 51

GOTTESDIENSTE IN DEUTSCHER SPRACHE

Evangelische Gemeinde

Kapelle Sometimes, Carrer Acapulco 19/21, So 11 Uhr (Mitte März – Mitte Nov.)
Cala Ratjada, Pfarrkirche, Carrer Pascual Marqués, Mi 18 Uhr (Mai - Sept.)
Peguera, Pfarrkirche, Plaça Matilde Wäring, So 17 Uhr

Katholische Gemeinde

Peguera, Pfarrkirche, So 9.15 Uhr
Platja de Palma, Franziskanerkirche La Porciuncula, So 11 Uhr
Weiße Strandkirche, Balneario 7, Di, Mi, Do 10 Uhr

Thomas Gebhardt, *Jahrgang 1962, lebt als freier Journalist in Hamburg.*
Knut Müller, *Jahrgang 1952 und Fotograf für internationale Magazine, lernte bei dieser Reportage das normale Leben auf Mallorca kennen.*

ISBN 3-7742-6802-9

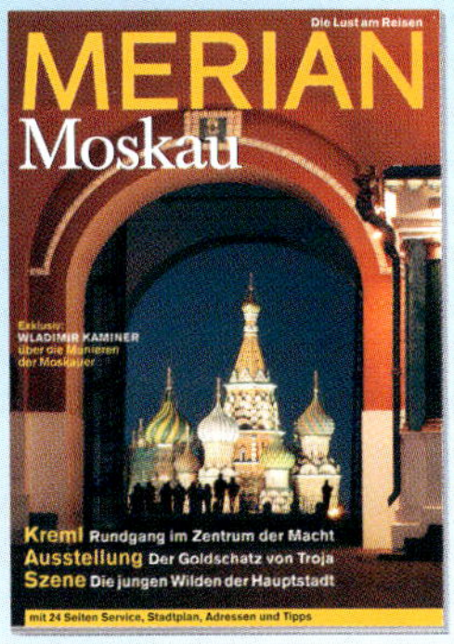

ISBN 3-7742-6801-0

ISBN 3-7742-6712-x

ISBN 3-7742-6710-3

ISBN 3-7742-6711-1

ISBN 3-7742-6709-x

ISBN 3-7742-6708-1

MERIAN zum Nachbestellen

Bestellen Sie einfach und bequem Ihre Wunschtitel aus dem abgebildeten Heftangebot der folgenden Seiten. Sie erhalten jede Ausgabe von MERIAN für € 7,50 inklusive Porto und Verpackung. Als Abonnent bezahlen Sie den Vorzugspreis von nur € 6,37.

ISBN 3-7742-6707-3

ISBN 3-7742-6706-5

ISBN 3-7742-6705-7

ISBN 3-7742-6704-9

ISBN 3-7742-6703-0

ISBN 3-7742-6702-2

ISBN 3-7742-6701-4

ISBN 3-7742-6612-3

ISBN 3-7742-6611-5

ISBN 3-7742-6610-5

ISBN 3-7742-6609-3

www.merian.de

MERIAN
Die Lust am Reisen

Die MERIAN Family

Im MERIAN-Shop auf **www.merian.de** finden Sie nicht nur das komplette lieferbare MERIAN-Programm, sondern auch alle weiteren Produkte der MERIAN Family:

- MERIAN *live!*,
- MERIAN classic,
- MERIAN kompass,
- MERIAN Hörbuch
- MERIAN scout.

MERIAN *live!* Ihr handlicher Begleiter für Reisen. Mit Erlebnis-Garantie!

ISBN 3-7742-6608-7

ISBN 3-7742-6607-7

ISBN 3-7742-6606-9

ISBN 3-7742-9912-9

ISBN 3-7742-6604-2

ISBN 3-7742-6603-4

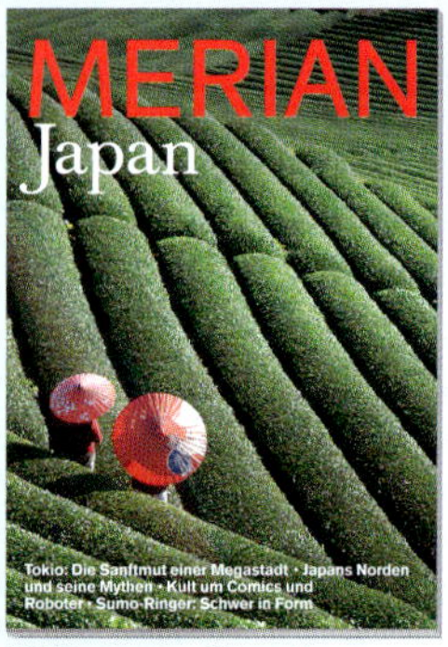

ISBN 3-7742-6602-6

ISBN 3-7742-9805-X

ISBN 3-7742-6512-7

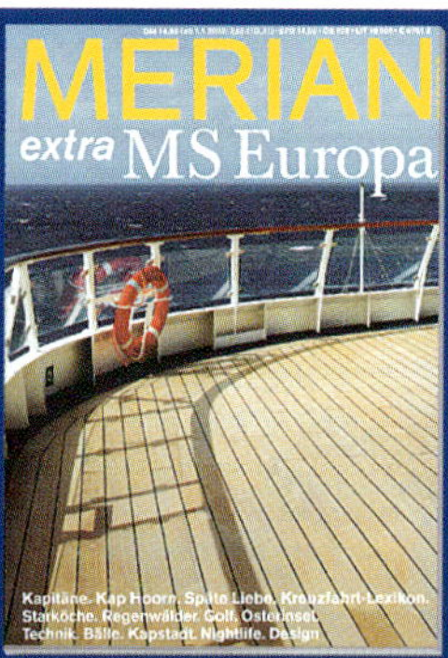

ISBN 3-7742-6613-1

ISBN 3-7742-6713-8

Regelmäßig erscheint **„MERIAN extra"** in gewohnt hochwertiger MERIAN-Qualität zu ausgewählten Themen. Einfach bestellen mit der unten stehenden Postkarte.

MERIAN zum Nachbestellen

Ich bestelle folgende MERIAN-Titel für € 7,50 pro Ausgabe (€ 6,37 für Abonnenten) inkl. Porto und Verpackung:

Titel Titel
Titel Titel
Titel Titel
Titel Titel
Titel Titel
Titel Titel
Titel Titel
Titel Titel

Ich bin MERIAN-Abonnent und komme in den Genuss des Abonnenten-Vorzugspreises. Meine Abonnement-Nr. (bitte vom Adress-Etikett abschreiben) ist:

Abonnement-Nr.

Sie erhalten eine Rechnung. Bitte keine Vorauszahlung leisten.

Anzahl der Hefte Gesamtsumme

Name / Vorname

Straße / Haus-Nr. / PLZ / Ort

ME 02 / 03

Bitte freimachen falls Marke zur Hand. Oder bestellen Sie per Fax: **040/27 17 20 64**

ANTWORT

MERIAN
Sonderversand
Postfach 60 12 20

22212 Hamburg

Online geht die Reise los.

www.merian.de
Tausende von Reisezielen, Eventkalender, Reportagen, Tipps & Empfehlungen

ISBN 3-7742-6511-9

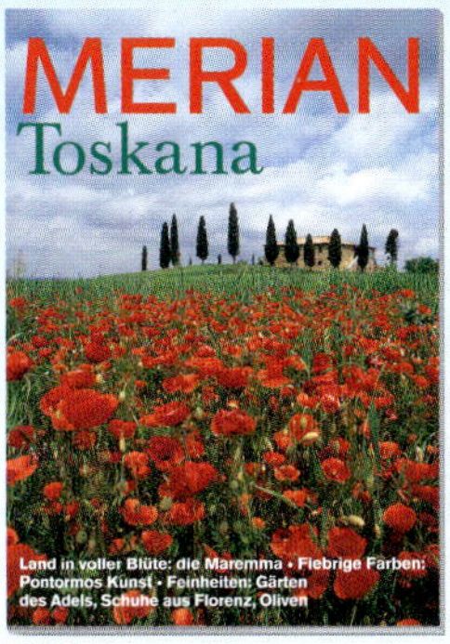

ISBN 3-7742-6505-4

ISBN 3-7742-6509-7

ISBN 3-7742-6508-9

ISBN 3-7742-6507-0

ISBN 3-7742-6616-6

ISBN 3-7742-6503-8

ISBN 3-7742-6502-X

ISBN 3-7742-6501-1

ISBN 3-7742-9807-6

ISBN 3-7742-9804-1

MERIAN im Abonnement

Wenn sie MERIAN abonnieren möchten, erhalten Sie 12 Ausgaben im Jahr für € 76,40 statt € 90,– bei Einzelkauf. Nutzen Sie den Preisvorteil von 15% und sichern Sie sich Ihr Dankeschön.

Unser Dankeschön für Ihr Interesse: 5 MERIAN-Ausgaben Ihrer Wahl. Einfach umseitig auf der Postkarte Ihre Wunschtitel ankreuzen.

MERIAN im Abonnement

Ein MERIAN-Abonnement bietet Vorteile:

1. **15% Preisvorteil**
Sie erhalten 12 Ausgaben im Jahr für € 76,40 statt € 90,– bei Einzelkauf.

2. **Service**
Sie erhalten jede MERIAN Ausgabe pünktlich frei Haus inklusive Porto & Verpackung.

3. **Vertrauensgarantie**
Eine Bestellung wird erst wirksam, wenn sie nicht binnen zwei Wochen schriftlich beim MERIAN Leserservice, Postfach 60 12 20, 22212 Hamburg, widerrufen wird. Zur Wahrung der Frist genügt die rechtzeitige Absendung des Widerrufs.

4. **Geld-zurück-Garantie**
Nach Ablauf der Mindestbezugszeit von einem Jahr können Sie Ihr Abonnement jederzeit kündigen. Sie erhalten im Falle einer Kündigung für gezahlte und noch nicht gelieferte Hefte natürlich Ihr Geld zurück.

5. **Mehr Informationen**
Exklusiv: Nur als Abonnent erhalten Sie im „Closed User-Bereich" auf www.merian.de Zugang zu weiteren Artikeln und Bildern der aktuellen MERIAN Ausgabe.

Ja, ich abonniere MERIAN für mindestens ein Jahr. Der Jahres-Abo-Preis für 12 Ausgaben beträgt € 76,40 frei Haus (innerhalb Deutschlands; Auslandspreise auf Anfrage). Als Dankeschön erhalte ich 5 Ausgaben MERIAN meiner Wahl (so lange Vorrat reicht).
Ihre gewünschten MERIAN-Ausgaben tragen Sie bitte auf der Rückseite ein.

Name / Vorname

Straße / Haus-Nr. / PLZ / Ort

Tel.-Nr. / E-Mail

Gewünschte Zahlungweise bitte ankreuzen:

Gegen Rechnung (Bitte keine Vorauszahlung leisten.) **Bankeinzug** (Bequem und bargeldlos)

Bankleitzahl Kontonummer

Geldinstitut

bequem per Kreditkarte (Bitte ankreuzen.) Amex Visa Eurocard

Kreditkarten-Nummer

Gültig bis (bitte genau angeben)

Datum / 1. Unterschrift

Vertrauensgarantie: Die Bestellung wird erst wirksam, wenn sie nicht binnen zwei Wochen schriftlich beim MERIAN-Leserservice, Postfach 60 12 20, 22212 Hamburg, widerrufen wird. Zur Wahrung der Frist genügt die rechtzeitige Absendung des Widerrufs. Dieses Angebot gilt nur in der Europäischen Union und solange der Vorrat reicht. Die Kenntnisnahme dieser Hinweise bestätige ich mit meiner 2. Unterschrift.

Datum / 2. Unterschrift

ME 02/03-1104

Bitte freimachen falls Marke zur Hand. Oder bestellen Sie per Fax: **040/27172079**

ANTWORT

MERIAN Leserservice
Postfach 60 12 20

D-22212 Hamburg

ISBN 3-7742-6504-6

ISBN 3-7742-9909-9

ISBN 3-7742-9908-0

MERIAN im Buchhandel

Das hier abgebildete, lieferbare MERIAN-Programm sowie alle Produkte der MERIAN Family erhalten Sie auch in jeder gut sortierten Buchhandlung.

ISBN 3-7742-9907-2

ISBN 3-7742-6714-6

ISBN 3-7742-9905-6

ISBN 3-7742-9903-X

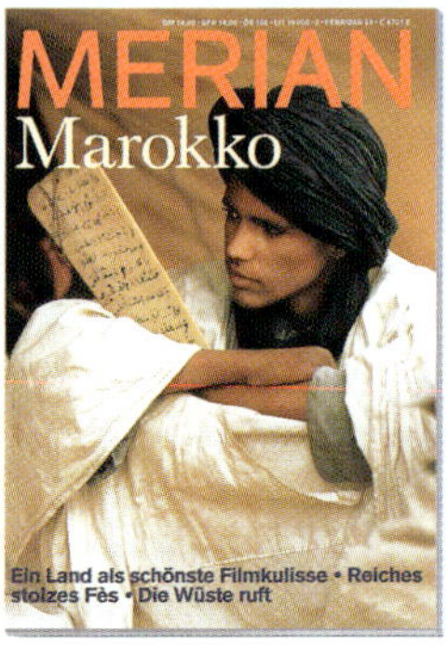

ISBN 3-7742-9902-1

ISBN 3-7742-9901-3

ISBN 3-7742-6715-4

ISBN 3-7742-6615-8

MERIAN extra „Autostadt in Wolfsburg" und MERIAN extra „Das neue Ruhrgebiet" erhalten Sie für nur 5,00 €, Abonnentenpreis: 4,27 €.

ISBN 3-7742-9812-2

ISBN 3-7742-9904-8

MERIAN das Programm

Unser komplett lieferbares Programm – auswählen und bestellen:

- ☐ Ägypten
- ☐ Amsterdam
- ☐ Andalusien
- ☐ Australien
- ☐ Autostadt in Wolfsburg
- ☐ Baden-Württemberg
- ☐ Bali
- ☐ Barcelona
- ☐ Berlin
- ☐ Brasilien
- ☐ Bretagne
- ☐ Budapest
- ☐ Burgund
- ☐ Chicago
- ☐ Chile – Patagonien
- ☐ China: Shanghai und der Süden
- ☐ Chinas Norden
- ☐ Cote d'Azur
- ☐ Das neue Ruhrgebiet
- ☐ Dominikanische Republik
- ☐ Dresden
- ☐ Elsass
- ☐ Emilia Romagna
- ☐ Florenz
- ☐ Florida
- ☐ Friaul–Triest–Venetien
- ☐ Hamburg
- ☐ Indiens Norden
- ☐ Indiens Süden
- ☐ Irland
- ☐ Island
- ☐ Istanbul
- ☐ Japan
- ☐ Jemen–Oman–VAE
- ☐ Jerusalem
- ☐ Kalifornien
- ☐ Kanadas Osten
- ☐ Kanalinseln
- ☐ Kanarische Inseln
- ☐ Köln
- ☐ Krakau
- ☐ Kreta
- ☐ Kuba
- ☐ Ligurien
- ☐ Loire
- ☐ London
- ☐ Madrid
- ☐ Mallorca
- ☐ Marokko
- ☐ Mecklenburg-Vorpommern
- ☐ Mexiko
- ☐ Moskau
- ☐ MS Europa
- ☐ München
- ☐ Namibia
- ☐ Neapel / Amalfi-Küste
- ☐ Neuseeland
- ☐ New York
- ☐ Norwegen
- ☐ Oberbayern
- ☐ Paris
- ☐ Piemont–Turin
- ☐ Portugal
- ☐ Prag
- ☐ Provence
- ☐ Rom
- ☐ Sardinien
- ☐ Schottland
- ☐ Schweden
- ☐ Sizilien
- ☐ Spaniens Norden
- ☐ St. Petersburg
- ☐ Steiermark
- ☐ Südafrika
- ☐ Südengland
- ☐ Südtirol
- ☐ Sylt–Amrum–Föhr
- ☐ Syrien–Libanon
- ☐ Tessin
- ☐ Thailand
- ☐ Toskana
- ☐ Tunesien
- ☐ Umbrien
- ☐ USA: Die Südstaaten
- ☐ USA: Neuengland
- ☐ Venedig
- ☐ Verona und Gardasee
- ☐ Vietnam–Laos–Kambodscha
- ☐ Weimar
- ☐ Wien

Bestellen Sie einfach und bequem per

MERIAN Leserservice
Postfach 60 12 20
22212 Hamburg

040 / 87 97 35 40

040 / 27 17 20 79

www.merian.de

MERIAN
Die Lust am Reisen

Bildnachweis

Anordnung im Layout: o=oben, u=unten, r=rechts, l=links, m=Mitte.
Titel: Gregor Lengler; S. 3 ol Michael Müller, ro Klaus Bossemeyer, rm Knut Müller, ru Alfred Steffen; S. 4 Wilfried Bauer; S. 4/5 o Martin Thomas; S. 5 o Marc-Oliver Schulz, m Frank Heuer, ul Guido Mangold, ur Ferdinand Graf Luckner/Picture Press; S. 8 o Keystone, m Fritz Schmidt/ IFA, u Thomas Peter Widmann; S. 10 o Jan Greune/ Look, m Widmann, u Monika Gumm/ White Star; S. 12 Mangold; S. 16-31 Lengler; S. 32-34 Knut Müller; S. 38-51 Bossemeyer; S. 52-58 Mangold; S. 60 o Henning Bock: S. 60/61, 61 om, 61 or Thorsten Futh/laif; S. 62/63 Klaus Siepmann; S. 64 o Thomas Schöpke, u Magazin; S. 65 o D. Harms/ Wildlife, m Norbert Kustos, u Botanisches Institut, Hamburg; S. 66 o Schöpke, u H&D Zielske/laif; S. 67 ol Lavendelfoto, or Botanisches Institut, Hamburg, u Ifa; S. 68-74 Schulz; S. 76-81 Bauer; S. 82/83 Nick Nostitz; S. 84/85 Ulla Bergob; S. 85, 87 o Luckner/Picture Press; S. 87 ml Lengler, mr Luckner/Picture Press, u Lengler; S. 88-84 Michael Müller; S. 96-98 Knut Müller; S. 100/101 Kustos; S. 102/103 Lengler; S. 104 Widmann; S. 105 Gernot Huber/laif; S. 106 Michael Müller; S. 107 Andreas Hallaschka; S. 108/109 Kustos; S. 109 o Bossemeyer, m Gumm/White Star; S. 111 Planetobserver.com M-SAT; S. 112 ol Bossemeyer, or Heuer/ laif, u Gumm/ White Star; S. 113 o Gumm/White Star, m Huber/Schapowalow; S. 114 l Thomas, r Bossemeyer; S. 115 ol Widmann, or Huber/ Schapowalow, u Thomas; S. 116, 117 o Thomas, m Otto Stadler; S. 118 o Bossemeyer, m Gumm/White Star; S. 119 o, u Gumm/White Star; S. 120 Raffaele Celentano/laif; S. 121 o Greune/ Look, u Widmann; S. 122 Bossemeyer; S. 123 o, u Gumm/White Star; S. 124 o Thomas, m Celentano/laif, u Thoams; S. 126 ol, or Kustos, m Lengler; S. 127 Nostitz, m Jürgen Richter/Look; S. 128 l Schulz, r Bernhard Limberger/ Look; S. 129 Hartmut Schwarzbach/Argus; S. 130 o, ur AKG, ul Ralph Lueger; S. 134 ol Widmann, or Stadler, u Gumm/ White Star; S. 135 Celentano/ laif; S. 136 r Thomas; S. 137 o Ernst Wrba; S. 138 l H&D Zielske, or Erika Bialowons, ur Sabine Wenzel; Faltplan: Lengler

MERIAN

Heft 2/2003, Februar, Erstverkaufstag dieser Ausgabe ist der 23. 01. 2003

MERIAN erscheint monatlich im Jahreszeiten Verlag GmbH, Poßmoorweg 5, 22301 Hamburg, Tel. 040/27 17-0, Fax 040/27 17-20 56, **Anschrift der Redaktion:** Harvestehuder Weg 42, 20149 Hamburg, Postfach 130444, 20139 Hamburg, E-Mail: Redaktion@Merian.de, Tel. 040/441 88-231, 441 88-240, Fax 040/441 88-310 **Website:** www.merian.de **Leserservice:** Postfach 601220, 22212 Hamburg, Tel. 040/87 97 35 40, Fax 040/27 17 - 20 79

Herausgeber:
Manfred Bissinger
Chefredakteur: Andreas Hallaschka
Stellvertretende Chefredakteurin: Gesa Engelschall **Art Directorin:** Sabine Lehmann **Chef vom Dienst:** Tibor M. Ridegh
Redakteure: Kathrin Sander, Charlotte von Saurma **Redakteurin dieses Heftes:** Charlotte von Saurma
Heftkonzeption: Thomas Gebhardt, Charlotte von Saurma **Magazin:** Thomas Gebhardt **Schlussredaktion:** Tibor M. Ridegh, Jasmin Wolf (stellv.) **Layout:** Cornelia Böhling, Katharina Holstein-Sturm, Ingrid Koltermann, Beate Meding, Dorothee Schweizer (stellv. Art Directorin) **Bildredaktion:** Michael Kleehaupt, Eva M. Ohms, Hanni Rapp
Bildredakteurin dieses Heftes: Hanni Rapp **Kartographie:** Peter Münch **Dokumentation:** Jasmin Wolf
Mitarbeit: Sandra Angerstein, Gürsoy Dogtas, Claudia Schmidt, Andrea Walter, Andreas Weber
Herstellung: Heidrun Seven **Redaktionsassistenz:** Katrin Eggers, Corinna Roßmann-van't Hoog
Geschäftsführung Premium Magazine: Peter Rensmann
Gesamt-Anzeigenleitung: Roberto Sprengel **Anzeigenleitung:** Christel Janßen
Anzeigenstruktur: Patricia Hoffnauer **Marketing:** Kenny Machaczek, Ulrich Rieger, Sonja Wünkhaus
Vertriebsleitung: Stefan Zastrutzki (Zeitschriftenhandel), Jan Wiesemann (Buchhandel)
Verantwortlich für den redaktionellen Inhalt: Andreas Hallaschka
Verantwortlich für Anzeigen: Roberto Sprengel

Verlagsbüros Inland:
Hamburg: Tel. 040/27 17-25 95, Fax -2520, E-Mail: vb-hamburg@jalag.de
Berlin: Tel. 030/80 96 23-60, Fax -70, E-Mail: vb-berlin@jalag.de
Hannover: Tel. 0511/85 61 42-0, Fax -19, E-Mail: vb-hannover@jalag.de
Düsseldorf: Tel. 0211/901 90-0, Fax -19, E-Mail: vb-duesseldorf@jalag.de
Frankfurt: Tel. 069/97 06 11-0, Fax -44, E-Mail: vb-frankfurt@jalag.de
Stuttgart: Tel. 0711/966 66-520, Fax -22, E-Mail: vb-stuttgart@jalag.de
München: Tel. 089/99 73 89-30, Fax -44, E-Mail: vb-muenchen@jalag.de

Repräsentanzen Ausland:
Basel: Intermag AG, Tel. +4161/275 46-09, Fax -10, E-Mail: info@intermag.ch
Brüssel: Publicitas Media, Tel. +322/639 84-29, Fax -40, E-Mail: ibellis@publicitas.com
Danderyd: Annonsbolaget JB Media AB, Tel. +46/8753 96 04, Fax 708753240, E-Mail: anette@annonsbolaget.se
Frederiksberg: Jungersted & Brostrøm, Tel. +45/33 22-20 20, Fax -9959, E-Mail: gitte.schuler@jbmedia.dk
London: The Powers Turner Group, Tel. +44 20/7630 99 66 Fax 76 30 99 22, E-Mail: cweiss@publicitas.com
Mailand: Media & Service International Srl, Tel. +39 02/48 00 61 93, Fax 48 19 32 74, E-Mail: info@it-mediaservice.com
Paris: International Magazine Company, Tel. +331/53 64 88 91, Fax 45 00 25 81, E-Mail: imc@international.fr
Madrid: AMB Publicidad y Marketing, S.L., Tel. +34 91/300-54 54, Fax -5181, E-Mail: ambp@retemail.es
Wien: Verlagsbüro Kepreda, Tel. +43 1/87 71 78-2, Fax 877 87 11, E-Mail: 1@kepreda-jahreszeitenverlag.at
New York: The Russell Group Ltd., Tel. +12 12/213 11-55, Fax -60, E-Mail: info@russellgroupltd.com

Die Premium Magazin Gruppe im Jahreszeiten Verlag

A&W Architektur & Wohnen COUNTRY DER FEINSCHMECKER WEIN Gourmet MERIAN

Gültige Anzeigenpreisliste: Nr. 37c.

Weitere Titel im Jahreszeiten Verlag: Für Sie, petra, vital, PRINZ, A&W Architektur & Wohnen, COUNTRY, DER FEINSCHMECKER, WEINGourmet, schöner reisen, ZuhauseWohnen, SelberMachen, Living Gardens, Tempo, Die Woche
Litho: Alphabeta Druckformdienst GmbH, Hamburg. Druck und Verarbeitung: heckel GmbH, Nürnberg, schlott sebaldus Gruppe
ISBN: 3-7742-6802-9 MERIAN (USPS No. 011-458) is published monthly. The subscription price for the USA is $ 110 per annum. K.O.P.: German Language Publications, Inc., 153 South Dean Street, Englewood NJ 07631. Periodicals postage is paid at Englewood NJ 07631, and at additional mailing offices. Postmaster: send address changes to: MERIAN, German Language Publications, Inc. 153 South Dean Street, Englewood NJ 07631.

JAHRES ZEITEN VERLAG

Ein Unternehmen der
GANSKE VERLAGSGRUPPE

An der Plaça Constitució, zu Füßen der Kirche Sant Bartomeu, trifft man sich gern beim café solo. Zur Zeit der Dämmerung sind die sollerics wieder unter sich, die Tagestouristen weg

Foto: Norbert Kustos

Sóller im Glück

Ein Provinzstädtchen, ein Kleinod. Dennoch kosmopolitisch. Weil seine Bürger immer zur rechten Zeit richtig investierten. Die Geschichte der fünf Wirtschaftswunder von Sóller

Text: Paula Almqvist

Foto: Gregor Lengler

Die Straßenbahn von Sóller verdankt ihre Existenz einem Subventions-Trick. Weil die Eisenbahnstrecke von Sóller nach Palma mit 27 Kilometern für den Erhalt von Fördermitteln zu kurz war, verlängerte man 1914 die Strecke um die fehlenden notwendigen Kilometer durch Straßenbahnschienen bis nach Port de Sóller

Man braucht keine Uhr in Sóller. Der Tag wird halbstündlich punktiert durch das Rumpeln und Schnaufen und die quietschende Talfahrt der uralten Straßenbahn. Ein letztes Mal hat sie sich kreischend in die Kurve an der Plaça gelegt. Jetzt, in der Abenddämmerung, beginnt hier unter den Platanen, vor der Kirche San Bartolomé mit ihrem jubilierenden Jugendstil-Frontispiz, der beste Teil des Tages. Gegen 19 Uhr sind sie alle weg, die Tagestouristen. Ein kollektives Aufatmen macht sich breit. Im Circolo Sóllerense verlangen die alten Männer nach Dame- und Schachbrett. Im Café Sóller versuchen die Zugereisten, möglichst einheimisch auszusehen. Sóller darf jetzt wieder ganz bei sich sein und seiner spannenden Geschichte von Handel und Wandel nachträumen.

Im Laternenschein glänzen die blank geputzten Trottoirs wie gebohnert. Das käme vom Kerzenwachs der Prozessionen, wollen romantische Zuzügler wissen. In Wahrheit hat sich hier ein umtriebiges Unternehmervölkchen die Hacken abgelaufen, bis die Bürgersteige durch den Abrieb blinkten wie Speckstein. Wo die Gassen so eng sind, dass es noch nicht einmal für Balkons oder Trottoirs gereicht hat, sind die Rinnsteine mit einer Zimmerpflanzen-Parade gesäumt: Schefflera und Pfennigbaum, Aspidistra, Badezimmer-Farn und Philodendron leben hier in der Sommerfrische.

Man sieht jetzt nicht, was man auch tags nur ahnen kann: dass hinter fast jedem Haus ein Garten liegt, in dem die Vegetation zu jeder Jahreszeit ein Feuerwerk zündet. Tagsüber kann man es erahnen, weil das Gassen-Portal der Häuser in eine großzügige Entrada führt und durch die Hintertür gegenüber Palmen und Orangen winken. Wo sich noch kein Zuzügler breit gemacht hat, sitzen in der Eingangshalle häufig Oma oder Opa auf Wuchtpolstermöbeln mit Schonbezügen, streicheln Hund oder Nippes-Sammlung und sehen fern. Ziemlich sicher trauern sie nicht vergangenen Zeiten nach, denn die Entradas der alten Häuser waren ein architektonisches Merkmal der Heimarbeit: Hier musste Platz sein für den Webstuhl.

Einstmals wuchsen auf den Bergen um Sóller Maulbeerbäume für die Zucht von Seidenraupen. Als die Großgrundstücksbesitzer lernten, dass sich mit Orangen mehr Geld machen ließ, als sie ihren Heimvorteil gegenüber dem Festland begriffen – die Apfelsinen aus dem Tal von Sóller werden früher reif –, sattelten sie um auf Zitrus-Export. Das war leicht, denn Gott oder die Geographie hatte ihnen ja diesen wunderbar geschützten, fast kreisrunden Naturhafen zu Füßen gelegt. Die großen Familien wirtschafteten in profitabler Dreifaltigkeit als agrarische Erzeuger, Reeder und Baumwoll-Importeure. Dann, in den Sechzigern des 19. Jahrhunderts, ließ der amerikanische Sezessionskrieg die Webstühle still stehen, und eine Krankheit namens Filoxera veränderte das gute Leben im Goldenen Tal.

Zunächst wurden von der Orangenpest nur die Früchte des spanischen Festlands befallen, und für ein, zwei Jahre boomte der Export aus Sóller erst recht – man belieferte Spanien, Südfrankreich und Nordafrika mit der Mangelware. Bis 1864 die Orangenpest auch in Sóller angelangt war. Von Stund an exportierte man die Söhne.

Schätzungsweise ein Drittel aller Familien sandten Männer nach Frankreich und Algerien, nach Kuba und Puerto Rico. Vor allem nach Marseille, denn dieser Hafen war von Sóller aus bequemer zu erreichen als das verschlafene Palma ums windige Eck. Bis heute gibt es viele Familien wie die des zweiten Bürgermeisters Guillem Bernat Ferrer, dessen Vater in Frankreich geboren wurde und erst im Spanischen Bürgerkrieg zwangsweise heimkehrte. „Bei uns daheim wurde nur Französisch oder Mallorquin gesprochen", erinnert sich Ferrer; Spanisch lernte er erst in der Schule. **Der französische Einfluss ist auch heute noch zu spüren: Feine Wohnstraßen sind von Linden beschattet, Glyzinien ranken über die Portale – Gewächse, die man auf der Insel kaum antrifft.** Es war ausgemachte Sache für die exportierten Söhne, dass man im Ausland Geld zu verdienen hatte, sich aber nicht über Gebühr assimilierte. Geld angelegt und geheiratet wurde zu Hause. So konnte sich Sóller mit seinen 9000 Einwohnern um die Jahrhundertwende zu einer der reichsten Städte Europas zählen. Zugleich bot es ein selten geglücktes Beispiel von Migration und Rückkehr. „Schon ab 1880 begann sich das in der Fremde erworbene Geld in Sóller zu zeigen", sagt der Historiker Plàcid Pérez. „Die Söhne kamen zurück auf Brautschau – und investierten daheim."

Es war Gründerzeit für Wurst- und Schokoladefabriken, für Seifen- und Limonadenerzeuger. Dampfmaschinen wurden installiert, Schifffahrtsgesellschaften gegründet, Schulen für Französisch und Buchhaltung. Sóller erhielt Stadtgas, Elektrizität und ein Trinkwassernetz. Die Bürger taten sich zusammen und gründeten 1899 ihre eigene Bank. Bauten sich zu Transportzwecken die Eisenbahnlinie nach Palma und die Tram zum Hafen und finanzierten den dazu notwendigen Tunnel.

Das im Ausland gescheffelte Geld zeigte sich auch in kosmopolitischer Eleganz. Ein Dorf begann Stadt zu spielen. Der schon damals weltberühmte katalanische Architekt Antonio Gaudí wurde hergebeten, um der braven Kirche die kühnen Ornamente des Modernisme zu verpassen, die an der Kathedrale Sagrada Família in Barcelona so viel Aufsehen erregten. Gaudí kam nicht selber, schickte aber seinen Meisterschüler Joan Rubió. Der baute gleich auch noch der Banco de Sóller einen Jugendstilpalast. Die Bauwut ergriff damals alle solventen Bürger – doch interessanterweise wurden selbst die üppigsten Bauwerke ganz ohne Architekten errichtet.

Über das dritte Kapitel im Wirtschaftswunder von Sóller wird weniger gern erzählt. Im Spanischen Bürgerkrieg standen die Mallorquiner mehrheitlich auf Francos Seite. Das tat der Textilindustrie von Sóller gut. Im Mutterland befanden sich die Webereien fast alle in Republikanerhand, und irgendjemand musste ja den Stoff für die Uniformen herstellen. Die 14 Textilfabriken von Sóller konnten sich bis in die sechziger Jahre halten. Dann gingen sie in schneller Reihenfolge in die Knie. „Wegen Trevira", sagen die einen. „Wegen der Dumpingpreise in der dritten Welt", sagen die anderen. Es gab Stilllegungsprämien. Und einen neuen Geschäftszweig. „Die meisten Stilllegungsprämien wurden am Montag kassiert und am Dienstag in ein Hotelprojekt in Port de Sóller investiert", sagt ein Alteingesessener.

Charmant: die Bahn nach Palma wurde ursprünglich für den Orangentransport gebaut

Damit zeichnete sich eine neue White-Collar-Industrie ab auf Mallorca, und wieder waren es die weltgewandten *sollerics*, die die Zeichen der Zeit als erste erkannten. Sóller rühmt sich, 1950 die allerersten Pauschalreisenden der Insel empfangen zu haben.

Die *sollerics* haben die Sache mit dem Qualitäts-Tourismus intuitiv viel früher verstanden als manch diplomierter Reisewirt. Die Kommune umfasst drei Siedlungsschwerpunkte: Sóller, den dörflichen Vorort Biniaraix und den Hafen. Während Port de Sóller es dem Feriengast von Souvenirschund über Liegestuhl-Verleih bis hin zu Burger-King an nichts mangeln lässt, gibt es in Biniaraix keinen einzigen Laden, kein einziges Restaurant, nur Treppengassen, Naturstein, bukolische

Andacht. Für die fast schon allzu museale Atmosphäre wurde der Ort wie das nahe Fornalutx bereits mehrfach mit dem Prädikat „Schönstes Dorf Spaniens" belohnt. Sóller hat einfach alles Utilaristische in seinen Hafen ausgelagert , wo zu viele alte Frauen in zu kurzen Hosen und zu viele Schmerbäuche im Safari-Look sich gütlich tun an Sangría und Pommes.

Im Städtchen selber gibt es keine optische Umweltverschmutzung. Keine Bettenburgen, keine Disco, nur einen einzigen verschämten Supermarkt. Dafür den diskreten Charme der Bourgeoisie. Die lässt sich nicht ins Wohnzimmer gucken, dafür aber in den Hinterhof, denn die Trasse der Straßenbahn führt geradewegs durch die Patios von Sóller, die man von der Straße aus nicht sieht: eingeschäumt von blauen Trichterwinden, lila Bougainvilleen, weiß duftendem Jasmin; verschlungen vom Rosé der Bignonia die Granatapfelbäume und Johannisbrotbaum-Riesen.

Es liegt am Nationalitäten-Mix der Kleinstadt mit der großen Vergangenheit, dass die Deutschen in Sóller weniger präpotent sind als an vielen anderen Orten Mallorcas. Diese spürbar kosmopolitische Atmosphäre im Provinzstädtchen ist es, die Leuten wie Herbert Grönemeyer oder Sir Richard Attenborough hier behagt: Wenn sie sich im gut sortierten Zeitungsgeschäft an der Plaça mit ihrer Lektüre versorgt haben und bei einem café solo unter den Platanen sitzen, wissen sie sich in einer paparazzifreien Zone.

Die Dauerdeutschen von Sóller werden nicht nur geduldet, manche haben sich gar zu Vorzeigebürgern gemausert. So wie Eva und Jürgen Bucher, die vor 20 Jahren kamen. Sie verlegten als Design- und Consulting-Spezialisten ihren Schreibtisch schon damals in die Sonne und beschäftigen aus Prinzip stets 50 Prozent Spanier. Als sie sich 1992 den allerersten ISDN-Anschluss auf der Baleareninsel legen ließen, kam der Direktor der spanischen Telefongesellschaft persönlich aus Madrid, um die Anlage der deutschen Turnschuh-Unternehmer einzuweihen.

So wie der kölsche Jung Franz Kraus, gelernter Unternehmensberater auf dem süßen Sektor, der 1985 überwältigt von der Szenerie des Ortes kurzerhand hier blieb. Sieben Jahre hat er als Marketingspezi von Mallorca aus deutsche Firmen beraten, dann krempelte er vor Ort die Ärmel auf und gründete eine Eisfabrik. „Als ich die vielen arbeitslosen Arbeiter aus der Textilindustrie sah und erfuhr, dass es hier im Tramuntana-Gebirge schon früher Schneehäuser gab, wo der weiße Stoff gehortet wurde fürs Sommerplaisir der reichen Leute, da ergab eins das andere." 1992 gründete er die Sa Fàbrica de Gelats, beschäftigt heute 20 Leute mit der Herstellung von täglich frisch gerührtem Eis und hatte auf Anhieb Erfolg. Inzwischen vertreibt sogar Karstadt in Deutschland sein Qualitätsprodukt.

Sóller ist das Tal des Goldes – so nannten es schon die Araber. In dieser geschützten Lage gedeihen Zitrusfrüchte, Feigen, Mandeln, Palmen

Die kreisrunde Bucht von Port de Sóller haben die Sóllerics schon früh touristisch zu nutzten gewusst: Im Hafen empfingen sie 1950 die ersten Pauschalreisenden auf Mallorca

Foto: Michael Müller

„Der Franz" ist ein Macher mit einem Schuss Gutmensch: Als er das triste Dasein der etwa 100 Behinderten im Ort kennen lernte, funktionierte er deren Verein zu einer Behinderten-Werkstatt um. Inzwischen kochen die Schwervermittelbaren jeden Tag 400 Gläser Gourmet-Marmelade, die in edel gestylten Gläschen in einem Fin-de-siècle-Saal des Bahnhofs verkauft werden. Die Behinderten-Initiative war die Lokomotive für das Markenzeichen „Fet a Sóller" (zu gut Deutsch: Made in Sóller), der sich inzwischen die meisten Handwerker und Kunsthandwerker des Tals als begeisterte Trittbrettfahrer angeschlossen haben. „Der Franz" hat sich also in Sóller als eine Art *business angel* bewährt, und dafür haben sie ihn im Oktober 2002 feierlich zum verdienten Sohn der Stadt gemacht.

Am gleichen Abend übrigens, da ein anderer Sohn Sóllers in Palma das deutsche Bundesverdienstkreuz entgegennahm: Pere Serra, der Zeitungskönig von Mallorca, dem neben diversen Zeitungen und Fernsehsendern auch das berühmte Mallorca-Magazin gehört, das von den meisten Inseldeutschen ziemlich gierig seit über 30 Jahren als Mischung aus Boulevardzeitung und Gelben Seiten konsumiert wird. Der alte Pere A. Serra hat Sóller nie wirklich verlassen; stattdessen hat er die große weite Welt auf seinen Bauernhof geholt. Auf der 50 000 Quadratmeter großen Finca am Stadtrand frönt er zwei Leidenschaften: Moderne Kunst und Federvieh. Etwa 1000 Plastiken weltberühmter wie unbekannter Bildhauer durchtupfen, akzentuieren, überragen die Orangen- und Olivenhaine Serras. Und die Enten und Pfauen, die raren Gänse und Hühner – auch sie Sammlerstücke – dürfen schnatternd und kreischend ihre Notdurft auf Bronzeguss und Marmor erledigen.

Einer blonden Zugereisten mit Modelmaßen geht es mehr um die epikureischen Künste. Britta Ploenzke ist, gleich nach der Eisenbahngesellschaft, der zweitgrößte Arbeitgeber am Ort. Sie leitet das Ca's Puers, ein kleines feines Stadthotel mit sechs Zimmern – oder besser gesagt: ein rasch berühmt gewordenes Restaurant mit Michelinstern und Übernachtungsmöglichkeit. Und dazu die Verwöhn-Finca Ca's Xorc an der Bergstraße nach Deià. Zwölf Zimmer auf den Bergterrassen einer alten Ölmühle, viel Luxus und splendid isolation. Mittags kommt der kulinarisch gebildete Wandersmann mit seiner Frau hier gern vorbei – im Küstengebirge zwischen Deià und Sóller wimmelt es im Frühling und im Herbst von Walkern.

Auch die Ploenzke-Story erzählt von Integration und Investition mit Augenmaß: Der Vater, ein Wiesbadener Software-King, hatte nach einigen guten Deals so viel Spielgeld in den Taschen, dass er sich 1995 nur so zum Spaß ein Ferienhaus in Sóller kaufte. Als im Nachbarhaus nach dem Tod einer alten Dame Möbel angeboten wurden, ging er auf der Suche nach Antiquitäten hin und kam mit einem Kaufvertrag für das Ca's Puers zurück. Die Möbel blieben an Ort und Stelle, das Haus drumrum wurde luxussaniert. Ploenzke gewann für die Eröffnungsjahre das Koch- und PR-Genie Eckart Witzigmann als kulinarischen Ziehvater und Reklame-Zugpferd. Und seine damals in Amerika studierende Tochter als Statthalterin. Die lernte die Landessprache im Schnellverfahren.

Seit knapp einem Jahrhundert ersetzt die Bahn den Glockenschlag in Sóller. Vor einigen Jahren ist eine neue Zeitrechnung dazu gekommen: Es gibt die Zeit vor und nach dem 1997 eröffneten Straßentunnel. Von dieser Zeitenwende schwärmen die jüngeren Einheimischen. Man kann seither bequem zur Arbeit nach Palma pendeln oder auch nur mal zu einem Disco- oder Kinobesuch in die Hauptstadt sausen. Und die Makler, deren Zahl sich von zwei Amateuren auf zwölf Profis vergrößert hat, seit der Flughafen nur noch eine halbe Autostunde entfernt liegt. Die Kehrseite der Medaille: Die beiden Dorfkinos mussten schließen. Dafür hat der Bustourismus kräftig zugelegt, und die Immobilienpreise sind um über 500 Prozent gestiegen – das vorerst letzte Wirtschaftswunder von Sóller. ☐

Orangen und mächtige Architektur sind die Symbole für Sóllers Wohlstand

Paula Almqvist, *freie Autorin in Hamburg, hat die Mischung von Weltläufigkeit und provinziellem Charme in Sóller beeindruckt.*

MERIAN-TopTen

Was Sie unbedingt sehen, erleben, erfahren sollten:

1. **Orangenexpress** Eine Fahrt im Bummelzug von Palma nach Sóller: Bahn fahren wie anno dazumal.
2. **Das gotische Viertel** Die Gassen zwischen Kathedrale, Stadtpalais, verträumten Innenhöfen und Klöstern blieben von der Moderne verschont.
3. **C 710** Die Straße verbindet die schönsten Orte der Tramuntana, der grandiosen Bergwelt im Inselwesten: beste Aussichten auf Küste und Meer.
4. **Bauernmarkt in Sineu** Immer mittwochs auf dem ältesten Markt Mallorcas: von Bauernmöbeln, Oliven über Keramik bis zu Eseln wird alles verkauft.
5. **Cap de Formentor** Die Naturschönheit im Nordosten macht ehrfürchtig: lockt mit bizarren Felsformationen und stillen Buchten.
6. **Sa Calobra** Die Straße zum gleichnamigen Ort ist eine Ode an die Kurve, und das über 12 km.
7. **La Cabrera** Tagestour mit dem Boot zur südlich gelegenen kleinen Insel mit Blauer Grotte.
8. **Klosterberg Randa** Das 360-Grad-Panorama vom Klosterberg ist am frühen Morgen und Abend unvergleichlich.
9. **Es Trenc** Kilometerlanger feiner Sandstrand mit Dünen, Pinienwäldern und türkisblauem Wasser.
10. **Coves del Drach** Die märchenhafteste von Mallorcas Höhlen mit Europas wohl größtem unterirdischen See.

Kontinent im Kleinen

Mallorca macht es nicht jedem recht, lässt aber auch niemanden unberührt

Blumen- oder Putzfraueninsel, Insel der Ruhe oder Hullygully am Ballermann, das bessere Deutschland oder der Ausverkauf von Kultur und Tradition: Mallorca bezaubert so sehr, wie es provoziert und abschreckt. Mit etwa zehn Millionen Touristen im Jahr ist die Insel dem Ursprünglichen entwachsen – Neuland scheint es nicht mehr zu geben.

Was ist zu erwarten von einem Massenziel, dessen am weitesten voneinander entfernte Punkte eineinhalb Autostunden trennen, von Sant Elm nach Cala Rajada? Überraschungen und Vielfalt. Palma etwa, von den Einheimischen respektvoll La Ciutat, „die Stadt" genannt – eine über mehr als 1000 Jahre gewachsene moderne Metropole. Nur wenige Kilometer westlich, in der Bergwelt der Tramuntana, erzählen die Dörfer vom anderen Mallorca: von Isolation und Armut in einer aus heutiger Sicht vor allem überwältigenden, früher eher feindlichen Landschaft.

Die üppige Kulisse aus Oliven-, Mandel- und Orangenbäumen, oft auf Schwindel erregende Terrassen zwischen Berg und Meer geklemmt, musste in mühsamer Handarbeit dem Land abgerungen werden. Orte wie Sóller lebten so nah an Palma so weit weg. Ebenso Deià oder Klöster wie in Valldemossa und Lluc. Sie verbindet nur die Küstenstraße C 710 – eine Aufforderung zur Langsamkeit bis heute.

Pollença und die Römerstadt Alcúdia markieren den Übergang zum Bauernland, den weiten Ebenen. Heute wird die Bucht von Alcúdia von Familien geschätzt, früher bedeutete die Nähe zum Albufera-Sumpf Nähe zu Krankheit und Missernten. Hier prägen die ohne Mörtel gesetzten Trockenmauern das Bild, arbeiten Esel gleichberechtigt neben Traktoren, gedeihen Wein, Weizen und Aprikosen unter einem Himmel, der mit Wasser geizt und mit Sonne allzu großzügig umgeht. In Städtchen wie Moscari, Muro oder Petra sprechen die Einheimischen kaum Englisch oder Deutsch, selbst das Spanische fällt den Mallorquin gewohnten Zungen

Naturtheater mit Felsendom nahe Port des Canonge in der Tramuntana: Von der C 710, der Verbindungsstraße im Inselwesten, führen Stichstraßen zum Meer, die von einem Panoramablick zum nächsten führen

schwer. Touristen, die sich Zeit nehmen, statt durchzuhetzen, werden entdecken, wie sich anfängliches Misstrauen in natürliche Gastlichkeit verwandelt. Die Ostküste, die Serra de Llevant, mit ihren schwer zugänglichen Buchten hat ihr Antlitz in den zurückliegenden 40 Jahren völlig verändert: Feriensiedlungen, zu Attraktionen umgewandelte Höhlen, Unterhaltung bunt und laut schaffen einen starken Kontrast zu den langsam tickenden Uhren in Pla und Raiguer. Und die Stichstraßen hinunter zu den Buchten scheinen die Qual der Wahl endlos zu gestalten, wären da nicht immer noch jene felsengerahmten Ministrände, in der Sonne glühende Dörfer wie Ses Salines mit ihren weißen Salzbergen, die den Llevant davor bewahren, zu einem austauschbaren Freizeitpark zu verkommen.

Der Süden, der Migjorn, ist an Vernachlässigung gewöhnt: Regenwolken lassen sich hier selten blicken, die Vegetation hat wenig Chancen, sich üppig zu präsentieren. Städte wie Santanyí oder Llucmajor wurden wehrhaft gebaut. Selbst touristische Infrastruktur hat sich hier langsamer gebildet. Doch das bedeutet auch das „Wunder von Es Trenc“: Der lang gezogene Dünenstrand ist unbebaut und wird es bleiben. Eine Einsamkeit, für die es in S'Arenal ebenso wenig eine Chance gibt wie in Magaluf und Peguera: Fun-Tourismus, der darüber hinwegtäuscht, dass dies bis in die 1960er Jahre die ärmsten Gemeinden Europas waren.

Susanne Birnmeyer, *Jahrgang 1966, Journalistin in Madrid, schrieb neben dem Info-Teil auch die „Skizzen“, S. 8-12.*

INFO | INHALT

INFO | LEGENDE

Alle Adressen im Info-Magazin sind MERIAN-Empfehlungen. Die Adressen mit dem MERIAN-M bestechen durch ein hervorragendes Preis-/Leistungsverhältnis.
M sehr gut, M M herausragend,
M M M nicht zu übertreffen
Preiskategorien Hotels: € DZ unter 59 € €€ DZ 60-100 € €€€ DZ über 100 € €€€€ DZ über 200 €
Preiskategorien Restaurants (für ein Hauptgericht): € 6-10 € €€ 11-14 € €€€ über 15 €

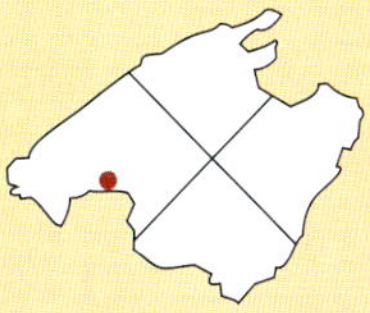

(D 4, West). Die Planquadrate der Adressen beziehen sich auf die Karte auf den Seiten 131-133, bei Palma auf die Karte Seite 135. Die Himmelsrichtungen dienen der ersten Orientierung.

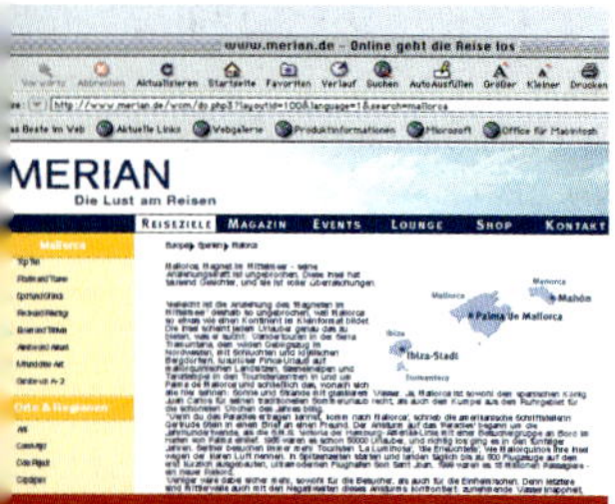

MERIAN | TIPP

Mit **www.merian.de,** dem online-Reiseportal von MERIAN, nach Mallorca reisen und zu mehr als 5000 attraktiven Zielen und detaillierten Informationen aus der MERIAN-Familie. Mit vielen Extras und Plänen zum Downloaden.

Landesdaten

Fläche: Mallorca ist 3684 m² Fläche so groß wie Hamburg, Bremen und das Saarland zusammen. Das sind 72 % der Fläche der Balearen und 0,7 % Spaniens.
Einwohner: Rund 702 000, davon 334 000 in der Hauptstadt Palma. Noch vor 40 Jahren lebten nur 65 000 Menschen auf der Insel. Mallorca hat mit 11,93 Geburten auf tausend Einwohner eine der höchsten Geburtenraten Spaniens (Landesschnitt 9,1 pro Tausend), doch wegen seiner überalterten Bevölkerung auch eine der höchsten Sterblichkeitsraten: 10,14 gegenüber 9,0 in ganz Spanien.
Höchste Erhebung: Puig Major, 1443 m
Küstenlänge: 554 km
Pro-Kopf-Einkommen: 18 000 € (Spanien: 14 000 €)
Wichtigste Industrien: Tourismus und Dienstleistung (75 %), Bauindustrie (10 %), Landwirtschaft (2,5 %).
Arbeitslosigkeit: 4,9 % (Spanien: 8,9 %)

ANREISE

mit Auto und Fähre

Lohnt sich angesichts der Dumpingpreise für Flugtickets und Leihwagen kaum. Fährverbindungen ab Barcelona (acht Stunden mit Trasmediterránea), Valencia, Dènia, Sète (Südfrankreich) und Genua.
www.trasmediterranea.com
www.balearia.com
www.buquebus.es

mit dem Flugzeug

Mallorcas Flughafen Son Sant Joan ist einer der bestangebundenen Flughäfen – kaum ein deutscher, österreichischer oder Schweizer Flughafen, von dem nicht Direktflüge abgehen. Linienflüge mit Lufthansa, Iberia, Charterverbindungen (u. a. Condor, Hapag LLoyd, LTU, Eurowings) und Mallorcashuttles (Air Berlin).

AUSKUNFT

SPANISCHES FREMDENVERKEHRSAMT

60323 Frankfurt/Main
Myliusstr. 14
Tel. (069) 72 50 33
Fax 72 53 13
frankfurt@tourspain.es
10707 Berlin
Kurfürstendamm 63
Tel. (030) 882 65 43
Fax 882 66 61
berlin@tourspain.es
80336 München
Schubertstrasse 10
Tel. (089) 530 74 60
Fax 530 74 620
munich@tourspain.es
Österreich: 1010 Wien
Walfischgasse 8/14
Tel. (01) 512 95 80
Fax 512 95 81
viena@tourspain.es
Schweiz: 8008 Zürich
Seefeldstrasse 19
Tel. (0041-1) 252 79 30
Fax (01) 252 62 04
zurich@tourspain.es

AUF MALLORCA

Foment del Turisme
07001 Palma de Mallorca, c/. Constitució 1, Tel. 971 72 53 96
Fax 971 71 35 40
www.visitbalears.com

Oficina d'Informació Turística
– (b 3) Palma de Mallorca
Plaça de la Reina, 2
Tel. 971 71 22 16
Fax 971 72 02 51
turisme@a-palma.es
www.a-palma.es
– **(c 3) Palma de Mallorca**
c/. Sant Domingo, 11
Tel. 971 72 40 90
Fax 971 22 59 53
– **(d 1) Palma de Mallorca**
Caseta Plaça Espanya (im Bahnhof), Tel. 971 71 15 27
– **(C/D 3, West) Valldemossa**
Tel. und Fax 971 61 21 06
felio@valldemossa.com
www.valldemossa.com
– **(J 3, Ost) Capdepera/Cala Rajada,** Plaça dels Pins
Tel. 971 56 30 33
Fax 971 56 52 56
www.ajcapdepera.net
– **(C 4, West) Calvià**
Ratolí, 5, Tel. 971 68 70 83 Fax 971 68 54 68
calvia@calvia.com
www.calvia.com
– **(G 2, Nord) Alcúdia**
Passeig Marítim s/n
Tel. und Fax 971 89 26 15
alcudiapm@alcudia.net
www.alcudia.net
– **(D 2/3 West) Sóller**
Plaça de Sa Constitució, 1
Tel. 971 63 02 00
Fax 971 63 37 99
ajuntament@a-soller.es
www.a-soller.es

MIETWAGEN

80 000 Leihwagen sind auf der Insel unterwegs und die wichtigsten Vermieter am Flughafen vertreten. In Ortschaften gilt Tempolimit 50 km/h, 100 auf Landstraßen und 120 auf der Autobahn.

Avis
Tel. 971 78 91 87
Fax 971 78 91 97, www.avis.es
Betacar
Tel. 971 78 91 35
Fax 971 74 36 98
www.betacar.es
Hasso Rent a car
Tel. 971 26 02 19
Fax 971 26 31 68
info@hasso-rentacar.com
www.hasso-rentacar.com
Hertz
Tel. 902 11 66 77
Fax 971 58 65 53, central
reservas@gesmanrentacar.com
www.gesmanrentacar.com
National/Atesa
Tel. 971 45 66 02
Fax 971 45 63 02, www.atesa.es
Tuicars
Tel. 902 17 09 79
www.tuiviajes.com

INFORMATION UND NOTFÄLLE

Notrufe

Allgemeiner Notruf (Polizei, Ambulanz, Feuerwehr) 112
Feuerwehr in Palma 080
Feuerwehr außerhalb 085
Erste Hilfe 061 und 092

Telefon

Alle spanischen Telefonnummern sind neunstellig, die früheren Vorwahlen integriert. Darum muss auch im jeweiligen Ort die komplette Nummer gewählt werden: zum Beispiel 971 61 21 06 für die Touristen-Information in Valldemossa. Bei Anrufen aus

DATEN | WETTER

	Jan.	Feb.	März	Apr.	Mai	Juni	Juli	Aug.	Sept.	Okt.	Nov.	Dez.
Durchschnittl. Temp. in °C Tag/Nacht	14	15	17	19	22	26	29	29	27	23	18	15
	6	6	8	10	13	17	17	20	18	14	10	8
Sonnenstund./Tag	5	7	7	8	10	11	11	11	9	7	6	5
Regen-Tage	8	6	8	6	5	3	1	3	5	9	8	9
Wassertemp. in C°	14	13	14	15	17	21	24	25	24	21	18	15

300 Sonnentage im Jahr machen die Wahl der richtigen Reisezeit nicht leicht. Die Mandelblüte von Januar bis Februar zieht viele Besucher an, ebenso die milden, oft badetauglichen Spätsommertage ab Mitte September, wenn die meisten Touristen bereits abgereist sind und die Insel noch einmal grünt und blüht. Im Dezember, wenn sich die Liebhaber des Adventsshopping in Palma einfinden, kann es schon mal kalt und regnerisch sein – in den Höhenlagen der Tramuntana liegt ab und an sogar Schnee.

MERIAN-orbit

Ein Sommer-Satellitenbild von Mallorca aus 705 km Höhe – zu erkennen am Fehlen von Grün. Eine Winteraufnahme wäre farbenfroher, ist aber wegen vorherrschender Wolken schwerer zusammenzupuzzeln. Gut zu erkennen: der Flughafen von Palma, die Serra de Tramuntana im Inselwesten und der Puig Major, Mallorcas höchster Berg, als weißer Fleck

dem Ausland wird nur noch die spanische Landeskennzahl vorweggewählt: 0034-971-61 21 06. Handy-Nummern beginnen mit einer „6“, sind auch neunstellig. Telefonzellen funktionieren alle sowohl mit Münzen wie auch mit Telefonkarten. Es gibt sie in Tabakläden und Zeitungskiosken. Telefonauskunft Inland 1003; internationale Auskunft 025. Ländervorwahl Spanien 0034. Telefonieren von Spanien nach: Deutschland 0049, Österreich 0043, Schweiz 0041.

Veranstaltungshinweise

In den deutschsprachigen Wochenzeitungen *Mallorca-Magazin* und *Mallorca-Zeitung* (immer freitags), in der Tageszeitung *Última Hora* am Wochenende, täglich in den lokalen Ausgaben von *El País* und *El Mundo*. Das *Mallorca-Radio* 95.8 sendet auf Deutsch.

Deutschsprachige Ärzte

Foroclinic Son Veri
Autobahn Palma-Santanyí
Ausfahrt 13, Tel. 971 44 21 21
Fax 971 44 25 49

Internationales
Fachärztezentrum Palma
c/. Portopi, 8 – Edificio Reina Constanza, 07015 Palma de Mallorca, Tel. 971 70 70 35

Ärztehaus Palma
c/. Unió 9, 07001 Palma de Mallorca, Tel. 971 22 80 67
Fax 971 22 83 79

LESEN UND SCHAUEN

Grundmann, Hans, Mallorca, Reise Know-How, 2001, 19,90 €. Wer es genau wissen will: Umfassende Information in einem detailreichen Reiseführer.

Kunze, Gabriela und Kustos, Norbert, Das große Mallorca-Buch, Ellert & Richter Verlag, 2002, 29,95 €. Vor oder nach der Reise: prachtvoller Fotoband, der in Bild und Wort alle Facetten der Insel zeigt.

Mertz, Peter, Naturwanderführer Mallorca, Bruckmann, 2000, 14,90 €. 20 Wanderungen und Spaziergänge.

Reinig, Albert, Die letzten Tage des Ludwig Salvator, Imhof 1998, 9,99 €. Der Erzherzog im Roman. Historisch präzise.

Riera, Carme, Ins fernste Blau, Lübbe 2000, 21 € und Lübbe 2002, 9,90 €. Spannend und poetisch: Roman über das Mallorca zur Zeit der Inquisition.

Sand, George, Ein Winter auf Mallorca, Insel Verlag 1999, 8,50 €. Der Klassiker: wortgewaltig und unterhaltend.

Schmid, Niklaus, Mallorca, Merian live!, Gräfe und Unzer, 2002, 7,95 €. Gut für unterwegs: handlich und kompakt, dennoch alles drin.

Schröder, Thomas, Mallorca, Michael Müller Verlag, 2001, 15,90 €. Kenntnisreicher Reiseführer mit guten Infos und ebensolcher Gliederung.

Völger, Gisela, Mallorca, Richtig Reisen, Dumont 2001, 22,50 €. Detaillierter Reiseführer, zudem angenehm zu lesen.

Internet-Cafés

L@ Red
Palma, c/. Concepció 5
Postalbit Net Café
Palma, c/. Rubí 18
Abanza Online Work
Palma,
Plaça Major
Portal Nou
Manacor, Sa Bassa 9
TransCom
Port d'Andratx
c/. Isaac Peral 31
Cyber-Center
Cala Millor, Avinguda Joan Severa Camps 1
S@télite
Cala Rajada, Avinguda Cala Agulla 92
The Highlander Bar
Port d´Alcùdia
c/. Mariscos 12
Ciber Café Alaró
Alaró, c/. Alexandro Rosselló 1

MERIAN | TIPP

Patios in Palma

Die Innenhöfe der alten Herrenhäuser in Palma sind etwas ganz Besonderes: Zur Grundausstattung gehören ein Ziehbrunnen, eine Steintreppe in den ersten Stock, ein lang gezogener Torbogen, Blumenkästen und ein schmiedeeisernes Gitter. Darüber hinaus ist keiner wie der andere. Die meisten Patios sind außer in der „Woche der Patios" Ende Mai nicht öffentlich zugänglich. Infos über die Patio-Woche:
Stadtverwaltung Palma, Tel. 971 72 77 48

Die schönsten Patios:
Can Juny
(c 3) c/. Can Savellà 13
Cal Marqués de Vivot
(c 3) c/. Can Savellà 4
Can Ribas de Pina
(c 3) c/. Can Savellà 23
Fundació Joan March
(öffentlich)
(c 2) c/. Sant Miquel 11
Casal Solleric
(öffentlich)
(b 3) Passeig des Born 27
Fundació Barceló
(öffentlich)
(b 2) c/. Sant Jaume 4
Can March
(c 3) c/. del Convent de Sant Francesc 10
Can Cera
(c 3) c/. del Convent de Sant Francesc 8
Cambra de Comerç
(öffentlich)
(b/c 3) c/. de l´Estudi General 3

Das Atelier von Joan Miró ist Teil der Fundació Pilar i Joan Miró

MUSEEN UND STIFTUNGEN

Banys Àrabs

Die arabischen Bäder sind das einzige komplett erhaltene Relikt islamischer Architektur auf Mallorca. Zwölf schlanke Säulen tragen das Dach des alten Dampfbads, das über die Jahrhunderte unter anderem als Kuhstall genutzt wurde. Im verwunschenen Garten laden Bänke und im Sommer eine Bar zum Verweilen ein. Ein Ort wohltuender Ruhe.
(c 4) Palma, c/. Serra 7
Tel. 971 72 15 49 *tägl. 9-20 Uhr, Okt.-Feb. 9-18 Uhr, Eintritt 1,50 €, Kinder unter 10 Jahren frei.*

Castell Bellver – eine runde Sache

Castell Bellver und Museu d'Història de la Ciutat

Nach der Kathedrale das zweite Bauwerk, das die Könige Mallorcas im 13. Jahrhundert in Angriff nahmen. Die kreisrunde Burg wurde hauptsächlich als Gefängnis genutzt. Einmalig der Innenhof mit seinen filigranen gotischen Doppelbögen. Das Geschichtsmuseum bietet einen detaillierten Überblick über das Mittelalter in Palma.
(a 1) Palma, c/. Camilo José Cela 17, Tel. 971 73 06 57
Fax 971 45 43 73 *tägl. 8-20.30 Uhr, Nov.-März bis 19.15 Uhr, Eintritt 1,68 €, Kinder 0,84 €.*

Casal Solleric

Eines der jüngsten und dennoch schönsten Adelshäuser Mallorcas: Der Palast aus dem 18. Jahrhundert lohnt zudem wegen seiner Skulpturensammlung und der pompösen Schmiedeeisenarbeiten. Wechselnde Ausstellungen, eine Bibliothek, Buchhandlung und Literatencafé machen aus ihm einen Treff für Kulturfreunde.
(b 3) Palma, Passeig des Born 27,
Tel. 971 72 20 92 *Di-Sa 10-14 und 17-21 Uhr, So 10-13.30 Uhr, Mo geschl. Eintritt frei.*

Centre Cultural Contemporaní Pelaires

Zeitgenössische spanische Kunst großer Namen wie auch noch zu Entdeckender in altem Gemäuer.
(b 3) Palma, c/. Can Verí 3
Tel. 971 72 03 75. *Mo-Fr 10-13.30 Uhr und 17-20.30 Uhr, Sa bis 13.30 Uhr. Eintritt frei.*

Centre Cultural Sa Nostra

Die Palmeser Privatstiftungen konkurrieren um die besten Ausstellungen, avantgardistischsten Künstler, interessantesten Sammlungen. Das Kulturzentrum Sa Nostra der gleichnamigen Sparkasse widmet sich historischen und futuristischen Ausstellungen, Fotokunst und Grafik.
(b 2) Palma, c/. Concepció 12
Tel. 971 72 52 10 *Mo-Fr 10.30-21 Uhr, Sa bis 13.30 Uhr, So geschl., Eintritt frei.*

Fundació Barceló

Die Hoteliers- und Reiseveranstalter-Familie Barceló hat eine der wichtigsten Sammlungen Mallorquiner Malerei und Plastik vom 18. Jahrhundert bis in die Gegenwart zusammengetragen. Außerdem Fotoausstellungen.
(b 2) Palma, c/. Sant Jaume 4
Tel. 971 72 24 67
fundacion@barcelo.com *Mo-Sa 10.30-13.30 und 17.30-20 Uhr, So bis 13.30 Uhr. Eintritt frei.*

Fundació March Museu d'Art Espanyol Contemporani

Ein wundervoller Patio, eine ungewöhnliche Sammlung: Picasso, Miró, Dalí, die Avantgarde der fünfziger und sechziger Jahre des 20. Jahrhunderts, die Postmoderne der Gegenwart – die Bankiersstiftung March pflegt im Museum für Zeitgenössische Kunst ihr Image als Kunstmäzen. Zusätzlich regelmäßige Sonderausstellungen.
(c 2) Palma, c/. Sant Miquel 11
Tel. 971 71 35 15
Fax 971 71 26 01
museopalma@expo.march.es
Mo-Fr 10-18.30, Sa bis 13.30 uhr, So geschl. Eintritt 3 €, Kinder (5-12 Jahre) und Senioren 1,50 €.

undació Pilar i Joan Miró

ɔan Miró, so scheint es, ist nur ırz weggegangen. Seit seinem ɔd 1983 ist sein Arbeitsplatz un- ərändert geblieben. Und in sei- ən vollendeten und unvollende- n Werken ist er eigentlich im- er anwesend: in seinem Atelier, einer bedeutenden ständigen usstellung sowie wechselnden /erkschauen, in seinem Wohn- aus Son Boter sowie im Skulp- ırenpark und Garten. Sorgfältig ısammengestellte persönliche inge bringen den Menschen 1iró den Besuchern nahe. Der twas umständliche Weg an die üdwestgrenze Palmas lohnt in ədem Fall.
1) Palma, c/. Joan de aridakis 29 (Cala Major, us Nº 3), Tel. 971 70 14 20 ax 971 70 21 02 ɔjmiro@a-palma.es ʻww.a-palma.es/fpjmiro/deutsch/ ıdex.htm *April-März 10-18 Uhr, pril-Sept. 10-19 Uhr, So 10-15 hr, Mo geschl. Eintritt 4,30 €, enioren 2,45 €, Kinder unter 14 ei, Kamera/Video 4,90 €.*

a Llotja

)as spätgotische Gebäude aus əinstem Marés-Stein wirkt wie ine Kirche, ist aber „nur" die alte eehandelbörse und macht daher m so deutlicher, welche wirt- chaftliche Macht Mallorca über ahrhunderte im Mittelmeerraum atte und welche Bedeutung die /allorquiner ihrem Handel bei- naßen. Die Stadt Palma nutzt Sa lotja als Ausstellungsort: meist noderne Kunst oder Themen aus er Mallorquiner Geschichte.
a/b 3) Palma, Plaça de Sa lotja 5, Tel. 971 71 17 05 *ɜeöffnet nur für Ausstellungen, ann Di-Sa 11-14 und 17-21, So -13 Uhr, Eintritt frei.*

Iuseu de Mallorca

/litten im gotischen Viertel wird m Mallorca-Museum auf vier stockwerken ein Streifzug durch lie gesamte Inselgeschichte un- ərnommen: von der talaiotischen steinzeitkultur bis zum Industrie- lesign des beginnenden 21. Jahr- ıunderts. Das Gebäude, erbaut 634, steht auf den Resten einer naurischen Villa. Zeit mitbringen.
c 4) Palma, c/. Portella 5 el. 971 71 75 40, Fax 971 71 04 83 nuseudemallorca@dgcultur.caib.es *'uni-Okt. 10-14 und 18-21 Uhr, Nov.-Mai 9.30-13.30 und 16-18 Jhr, So 10-14 Uhr, Mo geschl. Eintritt 2,40 €, Sa und So frei, Senioren und Kinder frei.*

Palau de S'Almudaina

Im 10. Jahrhundert als Palast der maurischen Herrscher errichtet, seit dem 13. Jahrhundert mehrfach umgebaut und erweitert, ist der Almudaina-Palast Symbol der Geschichte Mallorcas. Vom maurischen Gebäude ist wenig erhalten, aber das Wenige – kunstvolle polychrome Holzdecken, einige Kachelwände – ist sehenswert. Noch heute dient der Palast als Königssitz, ist geschlossen, wenn Juan Carlos I. die Insel besucht. Einige königliche Gemächer können ansonsten besichtigt werden: so der Salón Gótico, worin die Monarchenfamilie offizielle Empfänge gibt. Interessant die Santa-Ana-Kapelle mit einem der wenigen spätromanischen Portale Mallorcas. Von einem der Türme wacht ein Bronzeengel über Stadt und Insel.
(b 3/4) Palma, c/. Palau Reial s/n. Tel. 971 21 41 34 *Okt.-März Mo-Fr 10-14 und 16-18 Uhr, April-Sept. Mo-Fr 10-18.30 Uhr, Sa 10-14 Uhr, Eintritt 3,16 €, Kinder (5-16 Jahre) und Senioren 2,25 €, mittwochs gratis.*

Palast Almudaina, der Königssitz

Ses Voltes

Seit Ende der 1980er Jahre dient die einstige Stadtmauer- und Wehranlage als Freilichttheater und Ausstellungszentrum. Gelungene Fusion von mittelalterlichem Bollwerk und moderner Architektur.
(b 4) Palma, Ses Voltes, Parc de la Mar (unterhalb der Kathedrale), Tel. 971 72 87 39 *Di-Sa 10-13.30 und 17-21 Uhr, So 10-14 Uhr, Mo geschl. Eintritt frei.*

AUSSERHALB VON PALMA

Museu Etnològic

Ein Landhaus aus dem 17. Jahrhundert: mit Küche, Schlaf- und Wohnzimmer von anno dazumal sowie historischen Werkstätten drinnen, mit Ziehbrunnen, Kutschen und Karren draußen.
(G 3, Nord) Muro, c/. Major 5 Tel. 971 71 75 40 *Di-Sa 10-14 und 117-19 Uhr, So 10-14 Uhr, Eintritt 1,80 €, Kinder und Senioren frei, Sa nachm. und So frei.*

Museu Balear de Ciències Naturals

Das Museum für Naturgeschichte ist botanischer Garten, Forschungsinstitut und Samenbank für vom Aussterben bedrohte Pflanzenarten in einem – und obendrein hochinteressant.
(D 3, West) Sóller, Jardí Botànic Straße Palma-Sóller km 30, Tel. 971 63 40 64 *Di-Sa 10-18 Uhr, So, 10-14 Uhr. Eintritt 3 €, Kinder unter 5 Jahren frei.*

Centro Cultural Costa Nord

Michael Douglas lässt zwar niemand in sein Landschloss S´Estaca, das vormals dem Forscher, Literaten und Förderer des Inseltourismus Erzherzog Ludwig Salvator (1847 - 1915) gehörte. Zum Ausgleich hat er allerdings die Costa-Nord-Stiftung ins Leben gerufen: Dort kann man sich über das naturschützende Erbe des Erzherzogs und die Flora und Fauna der Mallorquiner Bergwelt informieren, kann einen Nachbau des erzherzoglichen Schiffs „Nixe" besuchen, oder abends im Nixe-

MERIAN | TIPP

Die Kathedrale

Mallorcas bedeutendster Sakralbau geht auf König Jaume I. zurück, der in stürmischer See gelobte, ein prächtiges Gotteshaus zu bauen, wenn er und die Seinen überleben. Nach erfolgreicher Reconquista setzte er sein Gelübde in die Tat um.
(b 3/4) Palma, Plaça de l'Almoina/ c/. Palau Reial, Tel. 971 72 31 30 *Mo-Fr 10-18.30 Uhr, Sa 10-13 Uhr; Eintritt 3,50 €, Kinder unter 10 frei.*

MERIAN | TIPP

Landgut Els Calderérs
Der Landsitz der Adelsfamilie Sentmenat gibt einen charmanten Einblick in die gute alte Zeit Mallorcas. 1285 gegründet, stammen die meisten Gebäude aber aus dem 17. Jahrhundert – sind einladend und wirken selbst in Küche oder Speisezimmer wie eben erst verlassen.
Casa Museo Els Calderérs
(G 4, Ost) St. Joan, Straße Palma-Manacor, km 37, Tel. 971 52 60 69, *tägl. 10-18 Uhr, Nov.-März bis 17 Uhr, Eintritt 6 €, Kinder 3 €.*

Club Live-Musik erleben.
(C/D 3, West) Valldemossa, Avinguda Palma 6, Tel. 971 61 24 25 Fax 971 61 24 10 centrecultural@costanord.com, www.costanord.com *Di-So 10-18 Uhr, Sa bis 19 Uhr, Nov-März 9-15 Uhr, das Restaurant öffnet zusätzlich abends 20-23.30 Uhr, im Winter 19-23 Uhr. Eintritt 7,50 €, Kinder 4,50 €.*

Siehe auch „Frühgeschichte und Archäologie", S. 116.

KIRCHEN UND KLÖSTER

Basílica de Sant Francesc
Bei Superlativen ist meist Vorsicht geboten: Dass der Kreuzgang des Sankt-Franziskus-Klosters zu den schönsten Europas zählt, kann jedoch kaum bestritten werden. In der Klosterkirche, nach der Kathedrale wichtigster Sakralbau der Insel, ist der Philosoph Ramón Llull beigesetzt – im Hauptschiff aus dem 13. Jahrhundert.
(c/d 3) Palma, Plaça de Sant Francesc, Tel. 971 71 26 95 *tägl. 9.30-12.30 Uhr und 15.30-18.30 Uhr, Eintritt 1 €.*

Monestir de Lluc
Das Kloster Lluc ist schon seit dem Mittelalter Zentrum der Marienverehrung auf Mallorca. Gegründet wurde es aufgrund der Hartnäckigkeit der Moreneta, einer schwarzen Marienfigur aus Holz, so die Entstehungslegende: Als ein maurischer Hirtenjunge die Statue im Gebüsch fand und in die Dorfkirche von Escorca brachte, kehrte sie nachts so lange an ihren Fundort zurück, bis ihr dort eine Kapelle errichtet wurde – versteckt in einem Talkessel in der wilden Bergwelt des Inselnordens. Neben der weitläufigen Klosteranlage mit Pilgerherberge und -restaurant wartet auch ein kleines Museum auf Besucher: allerlei Hausrat und Tand, liebevoll zusammengetragen.
(E 2, Nord) Escorca/Lluc, Tel. 971 87 15 25, Fax 971 51 70 96 info@lluc.net *tägl. 10-13.30 Uhr und 14.30-17.30 Uhr, Eintritt 2 €, Kinder unter 6 frei.*

Kreuzgang in Sant Francesc

Basílica Paleocristiana de Son Peretó
Die einzige erhaltene frühchristliche Kirche auf Mallorca, im syrischen Stil wahrscheinlich im 5. Jahrhundert erbaut. Zu sehen sind die Reste der drei Kirchenschiffe, des Bodenmosaiks sowie ein Taufstein und ein Taufbecken.
(H 4, Ost) Straße Manacor-Sant Llorenç des Cardassar km 54.

Santuari de Nostra Senyora de Cura
Der Besuch des Klosters lohnt schon wegen des Ausblicks vom Berg Randa. Die Sammlung des Klosters, untergebracht in einer Schule von 1510, umfasst alte Mallorquiner Malerei, ein Heimatmuseum sowie zahlreiche Objekte, Schriften und Darstellungen des Frühscholastikers und Mallorquiner Kirchenvaters Ramón Llull.
(F 5, Süd) Randa/Cura, Straße von

Die Mauer von Ses Paisses wurde vor 3000 Jahren aufeinander getürmt

Randa zum Santuari de Cura. Tel. 971 66 09 94, Fax 971 66 20 52 *Mo-Sa 10-13 und 16-18 Uhr, Eintritt frei, Spenden willkommen.*

Kartause von Valldemossa (Reial Cartoixa)

Die Königliche Kartause stand schon über 400 Jahre, als 1838 Frédéric Chopin und seine Geliebte, die Schriftstellerin George Sand, darin einen Winter verbrachten. Sand schrieb, „alles was ein Maler oder Dichter erträumen könnte, hat die Natur hier geschaffen". Das Kartäuser-Kloster im Tramuntana-Gebirge wäre auch ohne die Klosterzellen der berühmten Besucher eine Visite wert, aber die Pilger kommen wegen Chopin und der Aura seiner Musik. Sehenswert auch die Klosterapotheke, eine Druckerpresse aus dem frühen 17. Jahrhundert im Museum und der ehemalige Palast des Königs Sanç. (C 3, West) Valldemossa, Plaça de la Cartoixa 1, Tel. 971 61 21 06 *Mo-Sa 9.30-18 Uhr, Nov.-Feb. bis 16.30 Uhr, So bis 13.30 Uhr, Eintritt 6 €, Kinder unter 10 Jahren frei, Chopin-Minikonzerte alle Stunde ab 10.30 Uhr, Mo und Fr vorm. mallorquinische Tänze.*

HÖHLEN

Coves de Gènova

Die kleinen an Tropfsteinen reichen Höhlen wurden 1906 entdeckt – in 36 Meter Tiefe. Der Besuch dauert ca. 30 Minuten. (C 4/5, West) Palma, c/. Barranc 45 Tel. 971 40 23 87 *Mo-So 10-13.30 Uhr und 16-19 Uhr, Nov.-März 10.15-13 Uhr und 16-18 Uhr, Eintritt 6 €, Kinder unter 7: 3 €.*

Coves de Campanet

Das 1,3 km lange Höhlensystem wurde 1945 entdeckt. Die Tour durch die effektvoll beleuchteten Tropfsteinsäle dauert 45 Minuten. (F 2, Nord) Campanet, Straße Palma-Port d'Alcúdia, Ausfahrt 39 Tel. 971 51 61 30 *tägl. 10-19 Uhr, Okt.-März bis 18 Uhr, Eintritt 8 €, Kinder 4 €.*

Coves dels Hams

Höhepunkte des Besuchs sind die Tropfsteinsäle und winzige weiße Krebstiere, von der Evolution in den Coves dels Hams vergessen, vollkommen blind und doch stärker als der Zahn der Zeit. (H/I 5, Ost) Manacor, Straße Portocristo – Manacor, Tel. 971 82 09 88 Fax 971 82 02 71 *Mo-So 10-18 Uhr, Nov.-März bis 17 Uhr, Eintritt 9,50 €, Kinder unter 12 frei.*

Nachen in den Coves del Drach

Coves del Drach

Highlight der einstündigen Tour durch die prachtvollen Tropfsteinkathedralen ist das Auftauchen eines Boots auf dem unterirdischen Martelsee. (I 5, Ost) Portocristo, Tel. 971 82 07 53, Fax 971 82 16 41 *Nov.-März Touren um 10.45-12, 14-15.30 Uhr, rest des Jahres stündlich von 10-17 Uhr, Eintritt 7,50 €, Kinder unter 7 frei.*

SITE-SEEING

TEXT: PETER GLASER

Putzfrauen ins Netz

www-Surfen in Sachen Mallorca: Webcams und Reiselinks

Als „ein Meisterwerk Gottes" erschien Mallorca dem Schriftsteller Jorge Luís Borges. Als er 1919 auf die Insel kam, war es dort billig und schön, „außer uns kaum Touristen". Die „Insel der Stille", wie der spanische Dichter Santiago Rusiñol sie einst nannte, hat sich inzwischen – jedenfalls in den Hochburgen – in ein rauschendes Vergnügen gewandelt. Wer Mallorca in seiner Vielfalt erkunden möchte, dem bieten sich heute online ebenso vielfältige Möglichkeiten.
Ein erster umfangreicher Überblick – ob Reise- und Quartierplanung, Kultur- und Freizeitangebot oder eine Übersicht über Gemeinden und Regionen – lässt sich unter **www.mallorcaonline.com/index.htm** gewinnen. Gustostücke: ausgewählte Orte, als Rundum-Panoramen zu sehen. Live auf Land oder Strand schauen, etwa den Hafen von Palma oder die Bucht von Santa Ponsa, kann man durch Webcams, wie sie unter **www.webcam-mallorca.de/start.htm** versammelt sind.
Wer sich neben den professionellen Auskünften von Reisebüros noch für persönliche Erfahrungsberichte interessiert, der wird in Foren wie **www.ciao.com** (Schnellsuche nach „Mallorca" in „Erfahrungsberichte") oder **www.mallorcascout.de** (u.a. mit Hotelkritiken „von Gast zu Gast") fündig werden.
Das Suchen vor dem Buchen läßt sich mit Hilfe des Internets komfortabel gestalten. Unter **www.urlaub buchung.de/mallorcalinks.htm** hilft dem Wegfahrwilligen eine Urlaubferienreisesuchundbuchungsmaschine sowie eine Liste von knapp 30 weiteren Mallorca-Websites. Weitere Informationen lassen sich über die spezialisierte Mallorca-Suchmaschine **mallorcavista.de** einholen – häufig verwendete Suchbegriffe von Andratx bis Yachtcharter kann man einfach anklicken.
Wer sich schon zu Hause mit aktuellen Neuigkeiten und Veranstaltungstipps versorgen lassen möchte, sollte einen der wöchentlichen kostenlosen Newsletters abonnieren, etwa den des Mallorca-Inselradios unter **www.mallorca inselradio.com/newsletter.htm.**
Auch ein Strauß deutschsprachiger Medien steht auf Mallorca zur Verfügung – zwei Radioprogramme, TV-Programmfenster und Online-Magazine wie **www.mallorcamagazin.net** oder **www.mallorcaweb.com**. Und wie man auch auf der Insel seine E-Mails lesen kann, ist unter **www.mallorca.de/die_insel/kommunikation.shtml** detailliert zu erfahren.
Wer mit dem Gedanken spielt, Mallorquinisch zu lernen: diese Variante des Katalanischen gibt es unter **www.rz.uni-frankfurt.de/~hradatz/mallkaud.htm**.
Und dann: Willkommen auf dem „kleinen Felsen", wie es auf Mallorca heißt – *Benvenguts a sa Roqueta.*

Feste

Januar
Alle Dörfer, besonders Sa Pobla: Am 17. Segen des Heiligen Antonius für Haustiere – vom Wellensittich bis zum Bullen.
Februar
Palma: Karneval, große Umzüge durch die Innenstadt, teils mit archaischem Mummenschanz.
März/April
Pollença, Sineu, Palma: Karwochen-Prozessionen, in Pollença wird am Karfreitag die Passion Christi nachgestellt.
Mai
Sóller: Am 11. spielt die Stadt einen Angriff maurischer Piraten 1561 nach (siehe S. 130).
Juni
Sant Joan und Muro: Sommersonnenwende mit Scheiterhaufen und Schafwettschur.
Juli
Andratx, Pollença, Cala Rajada: Am 16. wird die Patronin der Fischer, die Verge del Carme, auf bunten Booten nachts aufs Meer geschickt.
August
Sant Joan: Am 29. Wettkampf im Steineschleudern nach alter Tradition.
September
Villafranca de Bonany: 2. Sonntag: Melonen im Schönheits-, Gewichts- und Aroma-Wettbewerb. Binissalem: Letzter Sonntag: Wein zum Probieren, Segnen, Königin wählen, Festwagen-Umzug.
November
Inca: Zweiter Donnerstag, am „guten Donnerstag", dem *dijous bo,* kleidet sich die Schuhstadt in Festgewänder und feiert in den *cellers,* den Weinkellern, bis zum Umfallen.

FRÜHGESCHICHTE UND ARCHÄOLOGIE

Wer einen Ausflug in Mallorcas Frühgeschichte unternimmt, sollte feste Schuhe dabeihaben, etwas Geduld und Abenteurergeist: viele der Fundstätten sind zwischen Steinmauern, Wiesen und Hecken versteckt. Aber es lohnt sich: die Talaiot-Kultur, benannt nach Talaiots, kegelförmigen Wachtürmen, entführt den Betrachter in eine faszinierende Welt der Clan-Kultur, geschickter Verteidigung und architektonischer Leistungen. Vieles um diese Kultur liegt im Dunkeln. Erst seit die Römer 123 v.Chr. Mallorca eroberten, schrieben sie einige Beobachtungen nieder. Mallorca ist seit ca. 6000 v. Chr. bewohnt – 8000 Jahre Geschichte! **Infos: www.talayots.com**

Talaiot de Sa Canova
Der größte erhaltene Talaiot Mallorca, vermittelt einen Eindruck, welch monumentale Bauwerke diese Wacht- und Wohntürme einst waren: 16,2 Meter Durchmesser, noch immer 5,5 Meter hoch.
(H/I 3, Ost) Artà, Straße Artà-Colònia de Sant Pere km 1
Frei zugänglich.

Poblado Talaiótico de Almallutx
Wahrscheinlich einst eine Pilgerstätte, die mehr als 2000 Quadratmeter umfasste: Darauf standen mindestens elf Gebäude und ein Heiligtum, eine Taula, deren 3,5 Meter hohe Steinsäule noch steht. Vormals trug sie eine waagerecht aufliegende Steinplatte.
(E 2, Nord) An der Straße Andratx-Pollença. *Frei zugänglich.*

Brücken über den Fluss aus Römertagen: der Puente Romano in Pollença

TALAIOT-KULTUR

Ses Païsses
Die Steine des mächtigen, bis zu zwei Meter hohen Mauerrings wiegen bis zu acht Tonnen – die am besten erhaltene prähistorische Anlage Mallorcas entstand vor 3000 Jahren und ist ein Meisterwerk früher Ingenieurbaukunst. Zu erkennen innerhalb des Mauerrings: die Strukturen eines Dorfes, alle Häuser eng aneinander geschmiegt, der Wachtturm und das Heiligtum. Schöne Lage inmitten eines romantischen Steineichenhains.
(I 3, Ost) Artà, ca. 1,5 km außerhalb, ausgeschildert
Tel. 971 56 30 33 *Mo-Sa 9-13 Uhr und 15-19 Uhr, Okt.-März nachm. bis 17 Uhr, Eintritt 1,50 €.*

Necròpoli de Son Real
Das größte talaiotische Gräberfeld des Mittelmeerraums, aus dem 7. Jahrhundert v. Chr.: rund 300 Menschen sind hier in einer Art Mini-Talaiots beigesetzt.
(H 3, Ost) Can Picafort, vom Strand Son Bauló ca. 25 Gehminuten südwestlich *Frei zugänglich.*

Museu de Ciències Naturals
Highlight sind drei Stierköpfe aus Bronze, die um 600 v. Chr. entstanden. Ein einmaliger Fund, der lange von Sammler zu Museum zu Privatkollektion und schließlich zurück nach Mallorca wanderte. Nun ist er wieder am Fundort.
(F 4, Nord) Costitx, c/. Rafel Horrach 1. Tel. 971 87 60 70 *Di-Sa 9.30-13 Uhr, sowie jeden 1. und 4. Sonntag im Monat. Eintritt 2 €.*

Capocorb Vell
Gleich vier Talaiots sorgten für die Sicherheit der Siedlung. In einem ist noch die steinerne Zwischendecke erhalten – einmalig auf Mallorca. Zu sehen sind 27 Häuser oder Zimmer, ein allein stehender großer Saal und Reste der wuchtigen Schutzmauer.
(E 6, Süd) Llucmajor, Straße Cap Blanc-S'Estanyol, km 23
tägl. 10-17 Uhr, Eintritt 2 €.

Navetiforme Alemany
Wie ein umgekipptes, kieloben liegendes Schiff muss das frühere Gebeinhaus ausgesehen haben, als es zwischen 3000 und 1300 v. Chr. errichtet wurde.
(C 5, West) Magaluf/Calvià c/. de la Rosa, Urbanización Sol de Mallorca *Frei zugänglich.*

Poblado Talaiótico de Son Fornès
1500 Jahre, von 900 v. bis 600 n. Chr., lebten in dem Dorf Menschen – immer im Schatten eines riesigen Talaiots, dessen Eingang aus drei Monolithen besteht.
(F 4, Süd) Montuïri, Straße Montuïri-Pina km 25 *Frei zugänglich.*

Ses Talaies de Can Jordi
Der Talaiot der kleinen Siedlung ist gut erhalten, selbst der Stützpfeiler im Innenraum blieb unversehrt.
(G 6, Süd) Santanyí, Straße Santanyí-Cas Concos des Cavaller
Frei zugänglich.

Poblado Talaiótico de S'Illot
Eine frühgeschichtliche ummauerte Siedlung mitten im heutigen Ortskern von S'Illot.
(I 4/5, Ost) S'Illot, c/. de la Rosa dels Vents s/n *Frei zugänglich.*

RÖMISCH

Avinguda dels Prínceps d'Espanya
Das ehemalige Forum der Römerstadt Pollentia, mit Theater, Tempeln und dreistöckigem Haus.
(G 2, Nord) Alcùdia *Frei zugänglich.*

Museu Monogràfic de Pollèntia
Das römische Pollentia war dort, wo heute Alcúdia, nicht Pollença liegt. Das Museum zeigt alles Römische, das in fast 2000 Jahren im Ort gefunden wurde: Skulpturen, Keramik, Hausrat, Schmuck.
(G 2, Nord) Alcúdia, c/. Sant Jaume 30. Tel. 971 54 70 04
Di-Fr 10-13.30 Uhr und 17-19 Uhr, Sa und So 10.30-13 Uhr, Eintritt 1,50 €, Kinder bis 16 Jahre frei.

on Marroig in Deià gehörte einst dem Erzherzog Ludwig Salvator

uente Romano

ine nach heutigem Maßstab inzige, aber grundsolide römi- che Brücke. Der Sturzbach, den e überspannt, muss recht wild ewesen sein: ein Wellenbrecher orgt für ruhigen Fluss.
/G 1, Nord) Pollença, c/. del Pont omà *Frei zugänglich.*

illa Romana de Sa Mesquida

ömische Landsiedlung. Zu kennen sind noch insgesamt echs Räume und ein Innenhof.
3 5, West) Santa Ponça
ei zugänglich.

alienischer Stil: Park von Raixa

HERRENHÄUSER UND PARKS

ardíns de Alfàbia und ardíns de Raixa

lfàbia und Raixa werden nicht ur in einem Atemzug genannt, eil sie so dicht beieinander liegen: e haben hochherrschaftliche äuser gemein, aus dem 12. Jahr- undert in Alfàbia und dem 17. in aixa, und gelten als die schöns- en Gartenanlagen Mallorcas. aixa im italienisch-barocken Stil, ls gebändigte Natur, und Alfàbia n maurischen Stil, die Natur nur irigierend und steuernd.

Jardíns de Alfàbia: (D 3, West) Bunyola, Straße Palma-Sóller km 17, Tel. 971 61 31 23 *Mo-Sa 9.30-18 Uhr, Nov.-März Sa nur bis 13 Uhr, Eintritt 5 €, Kinder unter 10 Jahren frei.*
Jardíns de Raixa: (D 3, West) Bunyola, Straße Palma-Sóller km 12,2, Tel. 971 79 03 79 *Mo-So solange Tageslicht herrscht. Eintritt 3 €, Kinder 2,10 €.*

Castell de Capdepera

Um 310 von den Römern begonnen, hat die Burg von Capdepera bei der Eroberung durch die Krone von Aragón 1239 eine bedeutende Rolle gespielt: Erst mit ihrer Eroberung war die Herrschaft über die Insel gesichert. Später diente sie Jahrhunderte lang als Zuflucht für die Bevölkerung Capdeperas vor Piratenüberfällen. Dass hier eine besonders verehrte Gottesmutter, die der Hoffnung, eine Kapelle hat, verwundert daher nicht. Wundervoll der Ausblick ins Inselinnere und aufs Meer.
(J 3, Ost) Capdepera, unübersehbar oberhalb des Ortes, Tel. 971 81 87 46 *Mo-So 10-20 Uhr, Nov.-März bis 17 Uh, Eintritt frei.*

Colecció Son Marroig

Von den drei Gütern des Erzherzogs Ludwig Salvator das berühmteste, jenes mit dem kleinen italienischen Lusttempel an der Klippe, jenes mit den Originalschriften und -zeichnungen der Balearen-Bücher, jenes, worin ihn Kaiserin Sisi in Begleitung ihres Lieblingsrehs besuchte. Dass es hier auch phönizische und griechische Grabungsfunde zu sehen gibt und mallorquinische Malerei aus dem 19. Jahrhundert ist weniger bekannt – und daher ein Grund mehr, zu kommen.
(C 3, West) Deià, Straße Valldemossa-Deià, Tel. 971 63 91 58
Mo-Sa 9.30-20 Uhr, Nov.-März 9.30-17.30 Uhr, Eintritt 3 €, Kinder unter 8 Jahren frei.

Sa Granja

Oben wohnen, unten foltern – so könnte man lästerlich diesen altehrwürdigen Adelssitz beschreiben. Tatsächlich hat das immer gut besuchte Landgut im Keller ein Folterverlies, im darüber liegenden Wohnbereich aber luftige, luxuriös eingerichtete Räume. Zur „Farm“ gehören Nutz- und Haustiere, original erhaltene Tischler- und Drechsler-Werkstätten. Im Laden gibt es hausgemachte Lebensmittel wie Marmeladen, Liköre, Wein und Feigenbrot.
(C 3, West) Esporles, Straße Esporles-Banyalbufar km 2 Tel. 971 61 00 32, Fax 971 61 93 05 *Mo-So 10-19 Uhr, Nov.-März bis 18 Uhr, Eintritt 8 €, Mo und Fr mit Folklore-Vorführung 10 €, Kinder je 4 €.*

MERIAN | TIPP

Jardíns de Can March

So umstritten der Bankier und Unternehmer Joan March zu Lebzeiten war – von Pirat über Kriegsgewinnler bis Spion gibt es kaum einen Titel, der ihm nicht angeheftet wurde -, so unumstritten erlesen ist sein Nachlass als Mäzen und Freund der schönen Dinge dieser Welt. Der March-Garten wurde von dem britischen Garten-Architekten Russell Page entworfen, um einem Skulpturenpark den angemessenen Rahmen zu geben: Werke von Alberdi, Baldaccini, de Labra und Avalos stehen hier herum wie bei anderen Leuten Gartenzwerge.
(J 3, Ost) Cala Rajada
*Besuch nur nach Voranmeldung beim Tourismusbüro in Cala Rajada,
Tel. 971 56 30 33.*

MERIAN | TIPP

El Cinco M M

Das Cinco ist eines dieser Restaurants, in denen es keine schlechten Plätze gibt. Der Blick durch die Bogenfenster auf das alte Portocolom ist so schön wie der von der Terrasse auf Garten und Hafen. Ausstellungen lokaler wie internationaler Künstler schmücken nicht nur die Wände, sondern würdigen auch den guten Geschmack der Betreiber. Vegetarier werden sich hier mit Fleischessern streiten, ob das Rosmarin-Couscous oder das Lamm mit Cassis die kaum zu übertreffenden Gerichte sind. Dezente asiatische Anleihen hier und da machen einen zusätzlichen Reiz aus.
(H 6, Ost) Portocolom, Plaça de Sant Jaume 5, Tel. 971 82 60 20,
Nov.-April nur abends
€€

Draußen sitzen bis in die Nacht: Vor dem Café Central in Palma lässt man gern die Stunden verrinnen

RESTAURANTS | PALMA

El Túnel M

Eines der vielen alten Gewölbe im gotischen Viertel, modern aufgepeppt. Lecker: die Goldbrasse mit Fenchel im Mittelmeerstil.
(b 3) c/. Apuntadors 1
Tel. 971 72 84 58 €€€

Koldo Royo M M

Klassiker in Palmas Restaurant-Szene. Das Konzept heißt „auf kleiner Flamme" – alles frisch zubereitet. Tipp: gefülltes Perlhuhn mit Foie und Rosenblättern. Reservieren.
(a 3) Avinguda Gabriel Roca 3
Tel. 971 73 24 35, *So abends und Mo geschl.* €€€

La Lubina

Im Fischerhafen. Vor allem von Einheimischen besucht – die hier in Fischgerichten und Meeresfrüchten schwelgen.
(a 4) Moll Vell, Tel. 971 72 33 50
€€€

Orient Express M M

Ein witziges Restaurant an der alten Seehandelsbörse: eingerichtet wie ein Speisewagen um 1900. Tipp: Gratinierte Spargel mit Ziegenkäse-Sauce. Gutes Preis-Leistungs-Verhältnis.
(b 3) Llotja de Mar 6
Tel. 971 71 11 83
Sa mittags und So geschl. €

Porto Pi M M M

Alter Wehrturm im Viertel Es Terreno mit herrschaftlichen Speiseräumen. Terrasse mit Meerblick. Mediterrane Küche, z.B. mit Lachsmousse gefüllter Spargel oder Petersfisch in Brotkruste.
(a 1) Avinguda Joan Miró 174
Tel. 971 40 00 87
Sa und So mittags geschl. €€

Verd de Llimona M

Die „Grüne Zitrone" erinnert an die Wohnküche einer Mallorquiner Mama, das Essen genauso : Spezialitäten wie *tumbet* (Gemüseauflauf) oder *frit* (gemischte Pfanne), frisch, unprätentios und klasse.
(b 3) c/. Montenegro 7
Tel. 971 72 84 72, *So geschl.* €

Ein Michelin-Stern ist ihm sicher, dem Chef des Koldo Royo

Verd i Blau M M

Der Name verrät es schon: Die Farben Grün und Blau dominieren in dem Gewölberestaurant mit üppig bewachsenem Innenhof. Alle Speisezutaten aus ökologischem Anbau. Große vegetarische Auswahl. Lecker und zugleich auch noch gesund.
(c 1) c/. 31 de Desembre 9
Tel. 971 29 80 63
So geschl. €€

CAFÉS & BARS | PALMA

Cafés sind meist von 9-23 Uhr geöffnet. Hier gibt es Croissants, *ensaïmades* (Hefeschnecken), Toasts und *bocadillos* (belegte Brötchen) zu allen Tageszeiten.

Café Central M

Das Beste ist die Lage: Blick von den Terrassentischen – je nach Position – auf die Jugendstil-Schönheiten Teatre Principal oder das frühere Grand Hotel. Da verzichtet das Café Central selbst auf Prunk und Pomp, serviert aber vollendet Kaffee, Gebäck und belegte Brötchen.
(c 3) Plaça Weyler 10

Café Lírico M

Die Kaffeemaschinen ächzen schon ab acht Uhr morgens, an alten Marmortischchen stöhnen Studenten über ihren Notizen und Schriftsteller über Manuskripten. Flair ohne Schnörkel seit 1894.
(b 3/4) Avinguda d'Antoni Maura 6

Café 1916 M
Bei schönem Wetter herrlich draußen sitzen und dem Treiben auf dem Platz zusehen. Innen Wiener Kaffeehaus-Ästhetik.
(d 1/2) Plaça Espanya 4

Café Tulsa
Vor allem vormittags ein Pflicht-Abstecher für Besucher des Olivar-Markts. Immer Betrieb, und die Bedienung bleibt dabei immer freundlich.
(d 2) Plaça Comtat de Rosselló 26

Ca'n Joan de s'Aigo M M
Beim „Wasserhans" gibt es kein Wasser, sondern vor allem dicke Trinkschokolade, *ensaïmades* (Hefeschnecken) zum Stippen und Eis. Café-Gründer Joan de s'Aigo war „Schneemann", brachte im 18. Jahrhundert Schnee aus der Tramuntana und verkaufte ihn hier mit Obst und Zucker. Altmodisch, einfach hinreißend.
(c 3) c/. Can Sans s/n

Cappuccino Paseo Marítimo M M
1999 von einer Explosion zerstört, wieder aufgebaut und jetzt schöner denn je, Chicagoer Dreißiger-Jahre-Charme auf zwei Etagen.
(a 3) Passeig Marítim 1

Cappuccino San Miquel M M
Prächtiger alter Stadtpalast, ausgestattet mit Pflanzen, gemütlichen Sitzecken und Innenhof.
(c 1/2) c/. Sant Miquel 53

El Café M M
Im alten Grand Hotel befindet sich eines der schönsten Cafés der Stadt: riesige Glasfenster mit Blick auf die Plaça, moderne Einrichtung und ein schicker halbkreisförmiger Tresen – dableiben und die Zeit vergessen.
(c 3) Plaça Weyler 3

TAPAS-BARS | PALMA

Die kleinen „Häppchen zwischendurch" – Inbegriff der spanischen Snacks – gibt es überall dort, wo „Bar" über dem Eingang steht. Grundlage der fantasievollen Kreationen sind Fleisch, Fisch, Käse und Gemüse. Die Tapas-Auswahl ist so grenzenlos wie die Zahl der Bars. Denn mindestens eine Tapas-Bar hat jedes noch so kleine Kaff. Meist werden ganze *raciones* angeboten, Portionen. *medias raciones*, halbe Portionen, gibt es auf Anfrage, und die klassische Tapa – ein winziges Tellerchen zum Naschen. Preise beziehen sich auf *raciones*. Die meisten Tapas-Bars sind von 10-24 Uhr geöffnet.

Tapa, wie sie das Herz begehrt

El Pilón
Typische Einheimischen-Kneipe. Aus Knoblauch, Olivenöl und einigem mehr werden hier Tapas gezaubert. Schlicht, aber gut.
(b 3) c/. Can Cifre s/n
So geschl. €

La Bóveda M M
Kult-Tapas-Bar, abends steht man hier Schlange. Täglich wechselnde Karte, große Weinauswahl. Sehr gut die *pimi-entos rellenos*, gefüllte Paprika.
(b 3) c/. Botería 3
So geschl. €

Beachtliche Reserven: Weinfässer im Celler Ca'n Amer

La Cueva M
Die Tapas gibt es hier im Souterrain. Schlangestehen ist jedem Gast sicher. Es lohnt: sehr gut die *boquerones en vinagre* (in Essig gebeizte Sardinenfilets).
(b 3) c/. Apuntadors 5
ab 19 Uhr. So geschl. €

La Paloma M
Nach außen viel Glas, innen dunkles Holz, dank großer Räume aber nicht erdrückend. Reiche Tapas-Auswahl, sehr gut: *dátiles con beicon*, Datteln mit Speck.
(b 3) c/. Apuntadors 16,
So abend geschl. €

Taberna de La Bóveda M M
Eine Zweigstelle des Bóveda und genauso begehrt. Im Sommer sitzt man schön eingeklemmt zwischen Bar und Gehsteig.
(a 3) Passeig de Sagrera 3
So geschl. €

RESTAURANTS | NORD

Celler Ca'n Amer M
In Gesellschaft riesiger Weinfässer speist es sich großartig. Traditionelle Insel-Küche in einem alten Weinkeller: gefüllte Schweinsfüße, Kapaun mit Mandelkrokant und Trockenobst. Schlemmem im alten Stil.
(E/F 3, Nord) Inca, c/. Pau 39
Tel. 971 50 12 61, *So geschl. ausser im Sommer So mittag.* €€€

Es Convent M
Vorschläge wie Seespinne in Blätterteig verraten die baskische Handschrift, Zutaten wie Mandelpesto auf hausgemachter Pasta oder Olivenöl aus Sóller die Mallorquiner Ausführung. Reservieren. Es Convent bietet übrigens auch Übernachtungsmöglichkeiten – siehe „Fincas", Seite 82.
(G 2, Nord) Alcúdia, c/.
Progrés 6, Tel. 971 54 87 16 €€

RESTAURANTS | SÜD

Es Clos M M
Im Sommer ein bezaubernder Garten, im Winter helle freundliche Räume, deren Wände auch mal zur Galerie werden. Iris Seybolds Kochkünste sind die Anfahrt in das Dorf bei Santanyí

Herbes und Palo

Für die Mallorquiner ist es nur eine Glaubensfrage: *herbes* oder *palo* als Magenschluss? Denn dass es nichts anderes sein kann als einer der beiden National-Kräuterschnäpse, steht außer Zweifel. Der grüngoldene *herbes* wird seit mindestens 2000 Jahren auf Mallorca gebraut. Enthalten in dem je nach Gusto trockenen *(sec)*, halbtrockenenen *(semi-sec)* oder süßen Likör *(dolce)* sind immer Minze, Rosmarin, Ysop, Lavendel, Myrthe und Anis. Je nach Rezeptur, streng geheim versteht sich, können aber noch bis zu 20 weitere Kräuter aus den Duftgärten der Insel kommen. *Palo* kommt dunkelbraun daher, sein hoher Anteil an den Import-Magenschonern Enzian und Chinarinde macht ihn bitterer, Rohrzucker und Muskatnuss geben ihm erdige Würze. Als im 19. Jahrhundert die Reblaus Filoxera dem Mallorquiner Wein den Garaus machte, funktionierten die Insulaner den *palo* um zum Tischgetränk – trotz seiner bis zu 38 Prozent Alkohol. Prost!

>> Die Planquadrate der Adressen in Palma beziehen sich auf die Karte auf Seite 135

MERIAN | TIPP

Ca'n Pep M M
Restaurants, die praktisch ausschließlich Fisch und Meeresfrüchte anbieten, sind selten. Noch dazu in dieser Qualität. Sommers gibt es die Köstlichkeiten auf der Terrasse am Meer – Schnörkel überflüssig.
(F 6, Süd) Sa Ràpita, Avinguda Miramar 16
Tel. 971 64 01 02
Jan. geschl. €€

Tapeo-Knigge

In manchen Gegenden Spaniens ist der *tapeo*, das Tapas-Essen-Gehen, ein streng geregeltes Ritual. Auf Mallorca ist es vor allem spaß- und genussorientiert, aber ein paar Kleinigkeiten sollten beachtet werden: In der Gruppe bedienen sich alle von allen Tellern, niemand bestellt nur für sich, und niemand mutet dem Kellner getrennte Rechnungen zu. In den Bars ist es üblich, den Müll einfach auf den Boden zu werfen – wo viel herumliegt, waren also viele Einheimische. Hin und wieder gibt es ein Mini-Häppchen einfach so dazu. Dagegen darf nicht protestiert werden, aus dieser Geste hat sich schließlich die Tapa-Kultur entwickelt: Das „Deckelchen", so Tapa wörtlich, diente dazu, Fliegen und Staub vom Glas fernzuhalten. Damit es nicht so leer aussah, legte man eine Kleinigkeit darauf.

jederzeit wert: Fisch-*saltimbocca*, Frischkäsemousse mit Mandeln.
(H 6, Süd) S'Alqueria Blanca, c/. Convent 17, Tel. 971 65 34 04.
Mo geschl. €€€

Es Recó de Randa M M
Schon der Geruch nach Holzfeuer macht Appetit. Ländliche Küche, nicht nur für Hotelgäste – am Wochenende kommen Gäste aus Palma, nur um hier zu essen, z.B. Mandelsuppe oder überbackene Auberginen, das Mallorquiner Nationalgericht.
(F 5, Süd) Randa, c/. Font 21
Tel. 971 66 09 97 €€

Santuari de Cura
Klosteressen im Klostersaal, einfach und gut. Wenn es sopes gibt, mallorquiner Gemüsetopf mit Brot, unbedingt probieren.
(F 5, Süd) Randa
auf dem Klosterberg €

RESTAURANTS | WEST

Ca'n Penasso M
Schlicht und rustikal, süß und salzig, einfach und doch raffiniert: Kaninchen, Schwein und Lamm und Exkursionen zu Obst und Kräutern. Keine Nouvelle Cuisine, sondern beste Tradition.
(D 3, West) Bunyola
c/. Oest s/n, Tel. 971 61 32 12
im Winter Mi geschl. €€€

Ca's Puers M M
Wer einen Platz auf der Terrasse ergattert, ist ein Glückspilz: In der fast tropischen Pracht Sóllers schmecken die Mallorquiner Gerichte mit Anklängen aus Südtirol, z.B. Mallorquiner Kaninchen mit Tiroler Speckknödeln, nochmal so gut.
(D 3, West) Sóller, c/. Isabel II 39,
Tel. 971 63 80 04 €€

El Bungalow M M
In der ehemaligen Strandbude sitzt man praktisch mitten auf dem Strand und isst, was frisch aus dem Meer kommt. Halb Palma kommt hierher zum Fisch- und Muschelessen.
(D 5, West) Ciutat Jardí
c/. Arrecife 2, Tel. 971 26 27 38
So abends und Mo geschl. Im Winter nur mittags. €€

El Patio M M
Lauschiger Hof mit Blütenpracht, abends Fackelbeleuchtung, dazu so wohlkomponierte Gerichte wie *langostinos* mit Koriandersauce, immer frisch vom Markt und in wechselnden Variationen.
(B 4, West) Andratx, Straße Andratx-Port Andratx, Tel. 971 67 20 13,
nur abends ausser Di, 15. Nov.-15. Dez. geschl. €€€

Gaia M
Der Bremer Koch liebt zweierlei: die Mallorquiner Produktvielfalt und Experimente. Dass dabei Ungewöhnliches entsteht, wundert wenig, Meeresfrüchte z.B. mit einem Hauch von Orient.
(E 3, West) Alaró, c/. Petit 11
Tel./Fax 971 51 09 74
geschl. Jan. und 15.7.-15.8. €€

Son Gual M M
Innenhof mit Flair oder Ölmühle mit Patina? Mandelcremesuppe oder Kaninchen mit Langusten? Die Antwort fällt nicht leicht.
(C 4, West) Puigpunyent
Straße Palma – Puigpunyent km 6
Tel. 971 79 02 05, *So nur mittags, Mo geschl.* €€

Ca's Puers: ein Glückspilz, wer einen Terrassenplatz ergattert

Tristán M M M
Gerhard Schwaiger kocht fantastisch, der Service ist außergewöhnlich, die Einrichtung traumhaft – niemand wird je wieder woanders essen wollen. Zwei Michelin-Sterne sind seit Jahren sicher, dennoch gutes Preis-Leistungs-Verhältnis. Probieren: Kaisergranat mit Kartoffel-Ravioli und Pfeffersauce, Steinbutt mit Tymiansauce und Olivennudeln. Direkt daneben, mit Tapas und kleinen Gerichten: das Bistro del Tristán, Tel. 971 67 61 41. Gleiche Meisterschaft, nur in Bistroküche umgesetzt.
(C 5, West) Portals Nous (Calvià)
Tel. 971 67 55 47, *im Winter Mo geschl.* €€€

RESTAURANTS | OST

La Casita M
Rochenflügel mit Kapern, Goldbrasse in Salzkruste – deutsch spricht hier nur die Speisekarte, nicht die mallorquinische Kreativität des Kochs.
(J 3, Ost) Cala Rajada, c/. des Farallo s/n, Tel. 971 56 37 31 €€

Sa Cuina
Restaurant am Ortseingang. Mallorquinischer Elan und Spezialitäten in moderner Umsetzung, z.B. Lamm in Honigsauce, erinnern daran, wie Mallorcas Küche einst war: deftig, bäuerlich, dabei ungemein virtuos.
(H 6, Ost) Portocolom
Straße S'Horta-Portocolom
c/. Vapor de Santueri s/n
Tel. 971 82 40 80 €€

Sa Gruta Nova
Wo im Bauernhaus aus dem 18. Jahrhundert die Familie des Pagès wohnte, gibt es heute kreative Landküche in traumhaft friedlicher Atmosphäre. Der ehemalige Schafstall nebenan bringt größere Gesellschaften unter.
(I 5, Ost) Portocristo, Straße Portocristo-Cala Millor km 2,6
Tel. 971 82 09 43 €€

Ses Rotges M M
Für Gerichte wie Wolfsbarschfilet mit Tomaten-Basilikum-Confit vergibt Michelin seit Jahren einen Stern – das in einem Hotelrestaurant. Wer übernachtet, kann am nächten Abend noch Lamm-Carrée in Kräuterkruste probieren.
(J 3, Ost) Cala Rajada,
c/. Rafael Blanes 21,
Tel. 971 56 31 08
geschl. Nov.-Mitte März €€€

CLUBS MIT LIVE-MUSIK

Bar Barcelona
Am Ende der schmalen Wendeltreppe befindet sich ein ein gemütliches, sanft beleuchtetes Jazz-Lokal. An manchen Tagen auch Flamenco und Soul, immer ab 22 Uhr.
(b 3) Palma, c/. Apuntadors 5

Blues Ville
Ab Mitternacht Jazz und Blues live und vorher – ganz einfach: etwas weniger stilvoll aus den Boxen.
(b 3) Palma, c/. Mà del Moro 3

Café al Vent
Freitags ab 22 Uhr Salsa-Abend, sonst angenehme Musik-Kneipe.
(d 1) Palma, c/. Marqués de la Fontsanta 82

Estudio Café
Das ganze Portfolio aus Jazz, Blues, Soul. Für besonders Hartgesottene donnerstags Dixie.
(E/F 3, Nord) Inca, c/. Palmer 5

Jazzclub Ca'n Pelin
Mittwochs immer zuverlässig voll: Dann ist große Jazz-Nacht.
(E/F 5, Süd) Llucmajor, Straße Llucmajor-S'Arenal km 5.

Centro Cultural Costa Nord
Im Amphitheater des Kulturzentrums ist Freitag die Nacht für Jazz-Fans: Musiker von internationalem Rang finden den Weg in die Tramuntana.
(C/D 3, West) Valldemossa Avinguda Palma 6.

BARS UND PUBS

Abaco
Mehr ein lebendiges Gemälde voller Blüten, Früchte, Brunnen, rotem Samt und sanft plätschernder Musik als eine Bar. Nur Cocktails. Türsteher, also besser nicht in Shorts und Turnschuhen kommen.
(b 3) Palma, c/. Sant Joan 1

Eher Schlaraffenland als gewöhnliche Bar: das Abaco

Bodeguita del Medio
So wie Hemingway sie erfunden hatte! Naja, fast. Natürlich serviert die Bar mit dem berühmtem Namen auch *mojitos* – den legendären Cocktail aus Rum, Zitrone, Minze und Zucker.
(b 3) Palma, c/.Vallseca 18

Luna
Live und mitreißend: eine Flamenco-Kneipe. Zwar nichts Ur-Balearisches, macht aber irre Spaß.
(b 3) Palma, c/. Apuntadors 12

Made in Brazil
Wer hier Schlager erwartet, hat etwas falsch verstanden: Salsa, Merengue, Bossanova. Im Nu sind die Temperaturen tropisch.
(a 3) Palma, Passeig Marítim 27

Bodeguita del Medio
Noch einmal Hemingway-like: Karibische Nächte mit Meerblick, Rum und schwingenden Hüften.
(J 3, Ost) Cala Rajada Passeig del Mar s/n

Abacanto
Das Abaco ist umwerfend, das Abacanto die Krönung dessen, was kaum zu krönen ist.
(D 4, West) S'Indioteria, Sant Nicolau, Camí 9

DISCOS UND TANZSCHUPPEN

Menta
Der Norden lebt! Und tanzt! In der Minze-Disco teils mit Live-Musik, immer mit Live-Spaß.
(G 2, Nord) Alcúdia Avinguda Tucán s/n

BCM
Licht in allen Facetten, Technik auf neuestem Stand: meist besuchte Disco Mallorcas. Nicht nur für ganz junge Pistengänger, aber vor allem.
(C 5, West) Magaluf/ Calvià Avinguda S'Olivera 13

Sa Mola
Nach gediegenem Abendessen in einem *celler* lassen die Sineuer es krachen: Erotik- und Schaum-Parties, Bullenreiten, dazu Musik von Salsa über Techno bis Disco.
(F/G 4, Ost) Sineu, Straße nach Sta. Margalida am Ortsausgang

NACHTLEBEN

Es Terreno

Spaßviertel mit wenig lustiger Vergangenheit

Im Nachtclub Tito's: heiße Beats, bis keiner mehr kann

Wo heute Palmas buntestes und nimmermüdes Nachtleben tobt, wollte einst keiner leben. Im Westen der Stadt, unterhalb der Burg Bellver liegt Es Terreno, Mallorcas Spaßviertel mit bitterer Vergangenheit: Im 17. Jahrhundert wurden hier *xuetes,* konvertierte Juden, verbrannt. Der Grund für die Ortswahl: Die Kerker Bellvers waren nah, die Stadt selbst fern. Es Terrenos Besiedlung erfolgte zunächst unfreiwillig: 1835 flohen die Palmeser vor einem Erdbeben hierher, 1865 verscheuchte eine Cholera-Epidemie sie erneut in die grünen Hügel der Vorstadt. Erst 1889 entstanden die ersten Sommerhäuschen betuchter Städter, um die Jahrhundertwende zwei Hotels. Auf einmal war die Erdbeben- und Cholera-Zuflucht schick. In den 1920ern trudelten erste Touristen ein. Ihre Ankunft war das Startsignal für eine Infrastruktur von Cafés und Nachtclubs, dessen berühmtester, Tito's, kurz nach dem Zweiten Weltkrieg öffnete und bis heute als der Tanz- und Amüsierschuppen Mallorcas gilt. An die mondäne Promi-Szene der Fünfziger und Sechziger erinnert die Fotogalerie: **Grace Kelly, Maximilian Schell, Michael Caine, Kirk Douglas, John Lennon...** Tagsüber und an Wochentagen ist Es Terreno ein lebendiges, aber friedliches Viertel voller Läden, Cafés und mit dem Einkaufszentrum Porto Pi. Abends aber, vor allem samstags, quillt die *marcha,* die Piste, wie ein außer Kontrolle geratener Hefeteig überall hervor. Abendessen – nicht vor 22 Uhr, danach in einen Pub. Erst gegen ein Uhr – frühestens! –, eher gegen zwei, werden vorsichtig die ersten Clubs aufgesucht. Richtig kracht die *marcha* ab drei Uhr morgens. Aufhören? Erst, wenn keiner mehr kann!

El Querelle
Manchmal mit Live-Musik, immer gesteckt voll. Dank nicht allzu lauter Musik sind sogar echte Gespräche drin.
(a 3) Palma, Avinguda Joan Miró 52

Tito's
Seit den 1940er Jahren schwoft hier die internationale Promiriege neben Mr. Nobody. Kultig, 3-stöckig, riesig.
(a 3) Palma, Plaça Gomila s/n

Tunnel
Typische Bar für die Zeit nach dem Abendessen, wenn *marchosos* sich noch in keiner Disco sehen lassen.
(a 3) Palma, Avinguda Joan Miró 36

Waikiki
So-gut-wie-nichts-Kleidung und karibische Rhythmen bis die Hüften nur noch wackeln, nicht mehr sitzen können.
(a 3) Palma, Plaça Mediterrani 4

Jugendstil-Backwerk: Das Entree des Forn des Teatre in Palma

Öffnungszeiten

Einzelhandelsgeschäfte machen mittags zu, nur Supermärkte, Einkaufszentren und Kaufhäuser bleiben offen. Klassische Öffnungszeiten: 9.30-14 Uhr und 17-20.30 Uhr. Samstags nachmittags bleiben viele geschlossen.

MERIAN | TIPP

Finca Son Barrina

Alles aus ökologischem Anbau und artgerechter Tierhaltung. Mallorquiner Spezialitäten. Schon das Anwesen ist den Besuch wert.
(F 3, Nord) an der Straße Inca-Llubí, km 6 Tel. 971 50 45 40
Di und Sa 9-18 Uhr, So nach Vereinbarung.

EINKAUFEN | PALMA

Palma hat sich in den vergangenen Jahren zu einem Garten Eden des Shopping entwickelt – es gibt nichts, was es nicht gibt, vom deutschen Drogeriemarkt bis zur Traditionskonditorei.

EINKAUFSSTRASSEN

Avinguda Jaume III und Passeig des Born
Noble Schuhfabrikanten, Perlendreher, Modedesigner und Innenausstatter. Schick und trotzdem behaglich. Keine Fußgängerzone.
(b 2/3) westlich und südlich der Plaça Rei Joan Carles

Carrer Jaume II
Handwerkerläden, kleine Boutiquen, Bäckereien, Wein- und Lebensmittelgeschäfte. Verwinkelte Altstadtgasse, bunt, quirlig.
(c 3) ab Plaça Major südwestlich, und in den umliegenden Straßen: Argenteria, Sindicat, Quint, Sant Nicolau,Fußgängerzone

Carrer Sant Miquel
Lebensmittelläden, Boutiquen, Schuhgeschäfte, Parfümerien, Cafés. Nichts Protziges, eine anheimelnde Altstadtgasse, wo sich jeder wohlfühlt.
(c 2) ab Plaça Major nördlich, Fußgängerzone

EINKAUFSZENTRUM

CC Porto Pi
Mit Abstand das größte und bunteste Einkaufszentrum der Insel. Auf drei Etagen gibt es alles, vom Supermarkt Carrefour bis zur Miniboutique. Restaurants, Cafés, Spezialitätenläden, viel Mode – und alles überdacht.
(a 1) Avinguda Gabriel Roca 54 (am Ende des Passeig Marítim, nahe der Abfahrt der Schnellstraße PM-1 nach Andratx); Bus Nº 3

DESIGNERMODE

Mehrere junge Designer aus Mallorca machen in Spanien in letzter Zeit von sich reden: Xisco Caimari als Ausstatter für Kinofilme, Tolo Crespí als Shootingstar der Madrider Cibeles-Modenschau. Caimari setzt auf funktionelle, bequeme Schnitte, Crespí mag Asymmetrien, auch gern in barocken Stoffen wie Brokat. Bei Kollegin Magines dreht sich fast alles um Hosen, von sportlich bis festlich, während Joana Borràs aus Seide und Wolle elegante Jacken und Kleider macht.

El Corte Inglés
Kaufhaus mit allen oben genannten Designern unter einem Dach.
(d 3, a/b 2) Avinguda Alexandre Rosselló 12-16 und Avinguda Jaume III. 15, www.elcorteingles.es

Xisco Caimari
Bequem, aber kein Sack-und-Asche-Look. Caimari kombiniert Naturtöne, experimentiert mit Pelz- und Lederimitaten und hüllt die Damen in abendlich-elegantes Schwarz aus Samt und Spitze.
(b 3) c/. Can Verí 6, Tel. 971 71 30 91

Tolo Crespí
Bricht gern mit Konventionen und Symmetrien: Tüll zu Jackenkleidern, strenger Satin zu verspielten Kuschelröcken, Pomp kombiniert mit Jeans – wenn sich dann noch Diagonalen einbauen lassen, findet Crespí die Modelle gelungen.

>> Die Planquadrate der Adressen in Palma beziehen sich auf die Karte auf Seite 135

(c 2) Rambla dels Ducs
de Palma de Mallorca 7
Tel. 971 72 20 85

SCHUHE

Die Stadt Inca, fast in der Inselmitte, hat eine Jahrhunderte alte Schuhmacher-Tradition. Hier sind so legendäre Marken wie Camper zu Hause, täglich pilgern Touristen und Einheimische zu den Outlets der Fabriken: Das kann, muss sich aber nicht lohnen. Für alle, die nicht nach Inca fahren wollen: Filialen dieser Marken-Schuhe gibt es auch in Palma.

Camper

Berühmt geworden durch Schuhpaare mit verschiedenen Designs für links und rechts, mit internationalen Designpreisen ausgezeichnet, kurz: Kultschuhe jenseits des Klassischen (s. S. 60).
(c 2) c/. Sant Miquel 17
Tel. 971 72 62 54

Barrats 1890

Etwas weniger bekannt, dabei produziert Barrats hochwertige Schuhe, Jacken und Taschen seit 1890. Im Stil eher konservativ, die Qualität ohne Fehl und Tadel.
(a/b 2) Avinguda Jaume III 5
Tel. 971 50 42 07

Farrutx

Moderne, teils avantgardistische Eleganz, hervorragende Verarbeitung. Trendige Schuhe, die langlebiger sind als eine Saison.
(b 3) Passeig des Born 16
Tel. 971 50 18 66

Lottusse

Mehr als die Hälfte des Arbeitsweges wird per Hand gemacht, erstklassiges Material ist Pflicht, klassische Eleganz ist Programm.
(a/b 2) Avinguda Jaume III 5-A
Tel. 971 71 02 03

LEBENSMITTEL

Ca'n Miguel

An dieser Bäckerei ist nichts prächtig und glänzend. Der alte Backofen steht mitten in der Verkaufsstube und verströmt Gebäckduft, sooft die Bleche herausgezogen werden, mit gefüllten Krapfen oder Hefeschnecken, *ensaïmades,* letztere nur auf Bestellung, aber die besten der Stadt.
(c/d 4) c/. Pelleteria 8-A
Tel. 971 71 57 11

Colmado Santo Domingo

Nur wenige Quadratmeter groß, fast die ganze Ware hängt an der Decke: *sobrasades* vor allem, die Mallorquiner Streichwurst, *fuets* (Hartwurst) und *chorizo* (Paprikawurst). Auf den winzigen Regalen: Marmeladen, Honig, Olivenöl, Feigenbrot, Wein, Likör, Gewürze. Probieren ist erlaubt.
(c 3) c/. Sant Domingo 1
Tel. 971 71 48 87

Colmado Santo Domingo: ein Hang zu Köstlichkeiten

Confitería Frasquet

Die Auslage, eine einzige Versuchung. Der Laden, aus dem 17. Jahrhundert. Die vierte Generation Konditoren macht hier Pralinen, Kleingebäck und die begehrte Spezialität des Hauses, *cuarto embetumat,* ein Biscuitgebäck mit Eiercreme und Baiser.
(c 3) c/. Orfila 4
Tel. 971 72 13 54

Forn des Teatre

Im „Jugendstilviertel" beim Theater lockt seit 1927 diese Bäckerei, mit ihrem prachtvollen Eingang und mit hervorragenden *ensaïmades,* Hefeschnecken (siehe auch Tipp: Ensaïmades).
(c 3) Plaça Weyler 9
Tel. 971 71 52 54

La Favorita

Hier haben sicher schon die Großmütter jetziger Großmütter gekauft, sich um die Käse- und

MÄRKTE

Handeln in Sineu

Universalangebot: Vom Esel bis zum Bauernschrank

Immer wieder freitags: der Markt in Binissalem

Staunen, naschen und probieren

Sineu war wegen seiner geographischen Lage in der Inselmitte von Anfang des 13. bis Mitte des 14. Jahrhunderts die Hauptstadt der Insel, bis es diesen Titel wieder an Palma abtreten musste. Daher erklärt sich zweierlei: Trotz der Winzigkeit besitzt Sineu einen ausgeprägten Stadtcharakter, das Marktrecht und somit einen beliebten Mittwochsmarkt mit großem Einzugsgebiet. Bunt und vielfältig – das Angebot ist überbordend. Rund um die Kirche gibt es Obst, Gemüse, frische Oliven, Kapern und Meerfenchel – auch zum Naschen und Probieren. In den Gassen rund um den Kirchplatz werden Korbwaren, Textilien und Haushaltsgeräte angeboten und am Ende der Treppengassen unterhalb der Kirche schließlich die „Bestseller" dieses alten Traditions-Marktes: Esel vor allem, aber auch Hühner, Gänse, Schafe, Lämmer, Pferde, Schweine... ein herrliches Durcheinander an Tierstimmen und -bildern.

Flohmarkt

Ein Australier kam 1994 auf die Idee, in Consell einen Floh- und Antiquitätenmarkt ins Leben zu rufen – der erste dieser Art auf Mallorca. Mittlerweile ist der Sonntagsmarkt eine feste Institution, verkauft wird an den rund 300 Ständen alles – vom verrosteten Nagel bis zum alten Bauernschrank.
Rastrillo de Consell, sonntags ab ca. 9 Uhr bis mittags, im Poligon Industrial, am Ortseingang von Palma kommend (Autobahn PM-7 nach Inca). Mit dem Zug Palma-Inca ab Plaça Espanya bis Consell (20 Minuten). Info-Telefon des Rathauses Consell: 971 62 20 95

Wochenmärkte (Auswahl)

Vom Blumenstängel bis zum Zugpferd wechselt auf Mallorcas Wochenmärkten so gut wie alles den Besitzer. Eine tolle Gelegenheit, das nach wie vor ländliche Mallorca kennenzulernen.

Montag: Caimari, Calvià, Manacor, Montuïri
Dienstag: Alcúdia, Artà, Porreres, Llubí
Mittwoch: Andratx, Capdepera, Santanyí, Vilafranca de Bonany, Sineu
Donnerstag: S'Arenal, Campos, Consell, Inca
Freitag: Alaró, Binissalem, Llucmajor
Samstag: Bunyola, Cala Rajada, Costitx, Sóller
Sonntag: Felanitx, Sa Pobla

WEINE

Mäßiger Ruf, doch beste Aussichten

Der Erfolg kam und ging einst über Nacht. Heute sind Mallorcas Weine wieder vorn

Weinkritiker aus aller Welt sparen nicht mit Lob: ausgewogen, strukturvoll, einwandfrei in Herstellung und Lagerung – und das bei einem Wein aus Mallorca? Seit 1994 keltern drei Freunde in Felanitx Wein. Nur einer von ihnen, Frances Grimalt, ist Önologe. „Wir wollten nur für uns ein bisschen Wein machen", sagt er. Daraus wurde einer der Shooting Stars der spanischen Weinszene: *Ànima Negra*, die „schwarze Seele", kurz Àn, wie er auf dem Etikett heißt. Dabei hatte Mallorcas Wein bisher eher den Ruf des Krisengewinners: Als 1863 die Laus Filoxera begann, alle Weinberge Europas zu vernichten, blieb die Insel verschont. Auf jedem freien Acker wurde nun angebaut, aus Mallorcas Häfen segelten Weinschiffe im Akkord an Europas dürstende Küsten. Binissalem wurde über Nacht reich – und wieder arm: 1889 machte sich Filoxera auch über Mallorcas Wein her. Bis in die 1950er Jahre wagte kaum ein Winzer, wieder Reben zu setzen. Und als die Weinbauern es schließlich doch taten, mussten sie sich mit konsolidierten Anbaugebieten wie der Rioja messen und kamen schlecht weg dabei. Um so wichtiger ist daher der Erfolg von AN und dem neuen Produkt AN/2. Aber auch Vins Nadal aus Binissalem, Pere Seda aus Manacor und Jaume Mesquida aus Porreres haben inzwischen Anschluss an die Spitzengruppe spanischer Rotweine gefunden. Zwei kontrollierte Anbaugebiete hat Mallorca: DOC Binissalem und DOC Pla i Llevant. Etwa 750 000 Liter Wein werden im Jahr produziert. Solange Filoxera und Konsorten der Insel fernbleiben.

Die Schöpfer der „schwarzen Seele" – des Weines Àn Negra

(G/H 5, Ost) **Bodega Àn Negra,** c/. 3ª Volta 18, Felanitx, Tel. 971 58 10 31, Fax 971 58 44 82. *Weine: AN, Jahrgang 2000, um 25 €; AN/2, Jahrgang 2001, um 10 €.*
(E 3, West) **Vins Nadal,** c/. Ramón Llull 2, Binissalem, Tel. 971 51 10 58, Fax 971 87 01 50 albaflor@vinsnadal.com, www.vinsnadal.com. *Bester Wein: Albaflor Reserva 1997, um 13 €.*
(F/G 5, Süd) **Bodega Jaume Mesquida,** c/. Vileta 7, Porreres, Tel. 971 64 71 06, Fax 971 16 82 05, jaume-mesquida@terra.es. *Bester Wein: Cabernet 2000, um 11 €.*
(D/E, West) **Pere Seda,** c/. Ollers 102, Marratxí, Tel. 971 60 50 87, Fax 971 60 48 56, pereseda@pereseda.com, www.pereseda.com. *Bester Wein: Criança 1997, um 9 €.*

Alles, was die Insel produziert: Mercat Olivar in Palma

Wurst-Theke gedrängt, an der geschmackvollen Auslage gefreut, aus den Regalen Kapern, Oliven, Marmeladen genommen und mit den Verkäuferinnen geplaudert.
(c 2) c/. Sant Miquel 38-A
Tel. 971 71 37 40

Son Vivot
Mallorquiner Spezialitäten, elegant präsentiert zwischen dunklem Holz und Glas. Weine, Käse, Wurstwaren, Marmelade, sauer eingelegtes Gemüse. Zeit für Beratung und Probehäppchen ist immer. Das Beste: längst nicht so teuer, wie der Laden aussieht.
(c/d 1/2) Plaça Porta Pintada 1
Tel. 971 72 07 48

MARKTHALLEN

Mercat Olivar
Der Olivar-Markt platzt aus allen Nähten – allein die Fischstände nehmen eine ganze Halle ein. Trotz Bauarbeiten zur Erweiterung immer noch ein lebendiger Markt mit Produkten der Insel.
(d 2) Plaça Olivar 4
Mo-Sa 7-14 Uhr.

Mercat Santa Catalina
Der Katharinenmarkt gehört ganz den Einheimischen. Siehe auch Tipp Seite 50/ 51.
(a 1) Plaça Navegació
Mo-Sa 7-14 Uhr.

KUNSTHANDWERK UND SOUVENIRS

Artesanías Pol
Keramik in traditionellen Formen mit modernen Designs, in einem winzigen Laden – man kann dem Töpfer über die Schulter sehen.
(b/c 2/3) c/. Unió 13
Tel. 971 72 42 99

Bordados Valldemossa
Mallorquiner Spitze – vom Einstecktüchlein bis zur Galadiner-Tischdecke.
(c 2) c/. Sant Miquel 26
Tel. 971 71 63 06

Born Decoració
Hier macht ein Besuch immer Spaß, auch wenn man schon alles hat: wegen der schönen Dekoration und der edlen Objekte für Esstisch und Wohnzimmer.
(b 3) Passeig des Born 16
Tel. 971 71 48 60

Lladró
Ein Laden voller handbemalter Figuren aus Porzellan. Die Motive scheinbar Märchen und romantischen Geschichten entsprungen: Schäferinnen, Galane, Liebenswertes aus der Tierwelt, Musikanten und vieles mehr.
(c 2) Rambla dels Ducs de Palma de Mallorca 15, Tel. 971 72 14 09

So weit das Auge reicht: Keramik in allen Formen und Varianten

Paraguas Fábrica
In Spanien werden zwei Wetter-Artikel im selben Laden verkauft: Regenschirme und Fächer. Erstere sind hier nichts Besonderes, letztere ein Grund zum Stöbern und Ausprobieren. Die tragbaren Klimaanlagen für heiße Tage gibt es hier aus edlem und einfachem Holz, mit Perlmutt und Spitze, bemalt oder schlicht.
(c 3) c/. Jaume II 22
Tel. 971 71 61 08

BUCHLÄDEN

Dialog
Deutschsprachige Buchhandlung, mit Bestellservice, gut sortiert.
(c 2) c/. Carme 14
Tel. 971 22 81 29

Llibrería Casal Solleric
Gut sortierte Buchhandlung mit modernem Antiquariat, Schwerpunkt Kunst und Geschichte, auch Bücher auf Deutsch. Ein Café zum Schmökern gleich dabei.
(b 3) Passeig des Born 27
Tel. 971 72 14 81

Llibrería Fundació La Caixa
Kunstbände nicht nur auf Spanisch, Antiquariat in drangvoller Enge – eine Buchhandlung zum Stöbern, Staunen und Zeit vergessen.
(c 2) Plaça Weyler 3
(im ehemaligen Gran Hotel)
Tel. 971 72 80 71

EINKAUFEN | AUSSERHALB VON PALMA

VERSCHIEDENES

Can Ordinas
Die Form erinnert an maurische Krummdolche, der Griff ist traditionell aus Holz oder Horn, je nach Modell sind sie klappbar: die traditionellen Bauernmesser. Die Auswahl ist unendlich groß, Qualität selbstverständlich.
(E/F 5, Süd) Llucmajor
c/. Vall 128, Tel. 971 66 05 80

Flor d'Ametler
Aus Mandeln und Mandelblüten kann man mehr machen als Süßes und Kuchen: Parfum, zum Beispiel. Der Duft *Flor d'Ametler*, „Mandelblüte", riecht nicht nach Marzipan, sondern blumig-sonnig-himmlisch. Gibt es nur auf Mallorca. Tipp: Mallorquiner Hausfrauen schwören auf die Handcreme mit Mandelessenzen.
(D 4, West) Es Pont d'Inca/ Marratxì, Camí de Can Forntera 73, Tel. 971 60 15 10
www.flordametler.com

Perlas Majórica
Die Majórica-Perlen, selbst von Experten kaum von echten zu unterscheiden, sind längst ein Klassiker geworden. In Manacor sitzt das Stammhaus mit der weltweit größten Auswahl.
(H 4, Ost) Manacor, Via Roma 48
Tel. 971 55 08 00

Posada de l'Artesà
Auf den ersten Blick nur ein großer Souvenirshop, auf den zweiten einer, der besonders schöne Olivenholzgegenstände anbietet. Von der Salatschüssel bis zur Haarspange alles aus dem seidenglatten, harten Holz.
(D 2, West) Port de Sóller
c/. Marina 46, Tel. 971 63 13 13

Lotterie

Die Buden der Lotterie ONCE sind so leicht zu erkennen wie Telefonzellen: dunkelgrün, mit Pyramidendach, Fenster voller Lose. Wo kein Platz für eine Bude ist, sorgen die blinden oder sehbehinderten Verkäufer der staatlichen Blindenorganisation ONCE per pedes dafür, dass niemand sein Glück verpasst: für 1 €, zur Freitagsziehung 2 €. Die Ziehung läuft jeden Abend im Fernsehen. 100 000 € der tägliche Hauptgewinn, am Wochenende die gleiche Summe – aber für 25 Jahre jedes Jahr. Was nicht ausgeschüttet wird, fließt der Ausbildung und beruflichen Förderung von Behinderten zu.

MERIAN | TIPP

Mit dem Zug von Palma nach Sóller

Eine geschlagene Stunde für 27 Kilometer. Aber was für eine Stunde, und was für Kilometer. Bis sich die Bürger von Sóller 1912 eine eigene private Eisenbahn nach Palma leisteten, dauerte der Weg über die Berge zehn Stunden: zu lang, um ihre Orangen in die Ciutat zu bringen. Die Bürger kauften 7000 Anteile à 500 Peseten und nach drei Jahren war die Schmalspurstrecke samt 13 Tunneln fertig. Bis auf die Lok – seit 1929 elektrisch betrieben – hat sich am „Roten Blitz“ nichts geändert: viel Mahagoni, Messing und Leder. Die Bahn fährt durch Palmas Gärten, die Tramuntana hinauf: Tunnelwände und Orangenhaine schmiegen sich so dicht an den Zug, dass Köpfe und Ellbogen besser drinnen bleiben, bis nach dem letzten Tunnel Sóller im Tal auftaucht, eingebettet in Gemüse- und Obstgärten wie in eine Salatschüssel.

Ferrocarril de Sóller, Bahnhof in Palma an der Plaça Espanya
Tel. 971 63 03 01 und 971 75 20 51
Palma-Sóller: 8, 10.50, 12.15, 13.30, 15.15 und 19.15 Uhr. Sóller-Palma: 8, 9.15, 10.50, 12.15, 13.30, 17.45, 18.15 und 19.15 Uhr (Sommerfahrplan)

Die Dünenlandschaft von Cala Mesquida ist ein beliebtes Ziel von Ausritten

WANDERN

Mar y Roc Wanderservice

Wanderungen überall und überall hin. Spontan-Anmeldungen willkommen. Aktuelles Programm und wechselnde Angebote im Internet. Kurztouren ab 18 €, längere Touren ab 21 €.
(C 4, West) Galilea, Camí des Pins 7
Tel./Fax 971 61 44 35
maryroc@arrakis.es
www.mallorca-wandern.de

AUF ZWEI RÄDERN

RADELN MIT INSIDERN

Mallorca-Biketours

Fahrradtouren in sach- und fachkundiger Begleitung, aber ohne Profi-Trainings-Allüren. Mitfahren kann jeder, der sich mindestens einen Tag vorher anmeldet und etwas Kondition mitbringt. Mehrtägige Touren mit Unterbringung.
(J 3) c/. Jaume II. 2, Capdepera
Tel. 971 81 93 50
office@mallorca-biketours.com
www.mallorca-biketours.com
Tagestouren ab 40 €, mit eigenem Rad ab 30 €.

FAHRRÄDER & MOTORRÄDER

Preise pro Tag. Fahrradpreise für ein einfaches Straßenmodell; ein Mofa entspricht einem Scooter, 50 Kubik; ein Motorrad einer 125-Kubik-Maschine.

Tugores Febrer und Moto Rent M2

Fahrrad ab 7 €. Mofa ab 23 €, Motorrad ab 27 €.
(G 2, Nord) Alcúdia, Straße nach Artà N° 56, Tel. 971 89 12 14

Motos Reus

Fahrrad ab 6 €. Mofa ab 32 €, Motorrad ab 38 €.
(D 5, West) S'Arenal, c/. Cannes 26
Tel. 971 26 65 54

Kondition und Orientierung tun Not

Belori Bike

Fahrrad ab 10 €.
(D 5, West) Can Pastilla
c/. Maravella 22, Tel. 971 49 03 58

Tomas Salom

Fahrrad ab 6,60 € (4 Std.).
(F 7, Süd) Colònia de Sant Jordi
c/. Estanys s/n (im Club Colònia Sant Jordi), Tel. 971 65 57 65

Rent A Bike

Mofa ab 31 €, Motorrad ab 36 €.
(a 1) Palma, Avinguda
Joan Miró 330, Tel. 971 40 18 21

Bicicletas Pepe

Fahrrad ab 8 €.
(C 5, West) Palma Nova/Calvià, c/. Cala Blanca 7, Tel. 971 68 03 14

Med-Ped

Mofa ab 25 €, Motorrad ab 40 €.
(C 5, West) Palma Nova/Calvià, c/. Cala Blanca 6, Tel. 971 68 16 54

Royal Rent

Mofa ab 27 €, Motorrad ab 30 €.
(D 5, West) Can Pastilla, Camí Can Pastilla, Tel. 971 26 64 25

AUF ACHT RÄDERN

INLINE-SKATEN

Inline-Team-Mallorca

Was Radfahrer schon lange wissen, entdecken nun auch die Inline-Skater: Mallorca ist, aus eigener Muskelkraft erkundet, noch mal so schön. Inline-Skaten auf Nebenstrecken – vorbei an Trockenmauern, Wiesen, Feldern und Dörfern. Das Inline-Team-Mallorca bietet verschiedene Touren für Anfänger und Profis vor allem im Südwesten der Insel an. Wenn die Puste doch mal ausgeht: ein „Sicherheitsfahrzeug“ genanntes Schlappmachermobil ist dabei. *Tagestouren ab 30 €, 4-Tagestour ab 110 €.*
(H 6, Süd) S'Alqueria Blanca
Sa Placa und Robinson Club Cala Serena, (H 6, Süd) Cala d'Or, Tel. 971 16 10 16 und 696-14 15 95

SEGELN + SURFEN

Barcos Azules
Boots-Ausflüge nach Sa Calobra und zum Torrent de Pareis. 16 € Hin- und Rückfahrt, Kinder 8 €.
(D 2, West) Port de Sóller, Passeig Es Través 3, Tel. 971 63 01 70

Nice & Easy Boats
Bootsverleih, Wasserski. Halber Tag ab 190 €, Wasserski 20 €.
(A/B 4/5, West) Port d'Andratx c/. Isaac Peral 62, Tel. 971 67 19 81
kristin@easyboats.com
www.easyboats.com

Easy Sail
Segelschule und Bootsverleih (Katamaran ab 1083 €/Woche).
(a 3) Palma, Passeig Marítim 38
Tel. 971 70 26 92
info@radicalboats.com
www.radicalboats.com

Segeln vor Cap Formentor

Sail & Surf Pollença
Surfbrett- und Segelbootverleih. Surfbrett 13 €/Std., 100 €/Tag.
(G 1, Nord) Port de Pollença, Passeig Saralegui 134, Tel. 971 86 53 46
info@sailsurf.pollensa.de
www.sailsurf.pollensa.de

TAUCHEN

Aquamarine Diving
Tauchgang ab 30 €, Grundkurs ab 225 €.
(A/B 4/5, West) Port d'Andratx, c/. Almirall Riera Alemany 23
Tel. 97167 43 76
Fax 97167 44 93
amd@mallorca-web.de

La Morena
März bis Okt., Tauchgang ab 39 €, Grundkurs ab 197 €.
(H 6, Süd) Cala d'Or, Cala Gran s/n, Tel. 97165 70 74 und 629-88 13 80, info@lamorena.de

Albatros Diving
April bis Okt., Tauchgang ab 42 €.
(I/J 4, Ost) Cala Millor, Port de Cala Bona 18, Tel./Fax 97158 68 07
albatros-diving@ctv.es

REITEN

Club Hípico Son Gual
Ausritte und Reitstunden auf allen Niveaus. Ausritt ab 18 €/Std., Reitstunde ab 12 €.
(C 4, West) Puigpunyent, Straße Establiments-Puigpunyent km 2
Tel. 971 79 85 78

Hípica Formentor
Reiten auf der Formentor-Halbinsel, von 2 Stunden bis zu 2-tägigem Ausritt zum Kloster Lluc, mit Übernachtung, Picknicks. Ausritt 2 Stunden 40 €, Wochenendritt nach Lluc 313 €.
(G 1, Nord) Urbanización Formentor s/n, Port de Pollença
Tel. 609-82 67 03

Dannys-Rancho
Halb- und Ganztagesausritte, 20€/Std. 10 Pferde. Reitstunden auf Anfrage.
(H 3, Ost) Can Picafort, Straße Muro-Can Picafort km 7,4
Tel. 617-34 46 71

SPRACHSCHULEN

Die Schulen bieten Sprachkurse auf allen Niveaus, auch Bildungsurlaub. Kurse mit 4 Stunden pro Tag zwischen 155 € und 450 €/Woche. Unterkunft in Hotels, WGs oder Gastfamilien. Anreise auf eigene Rechnung.

Die Akademie
(c 1) Palma, Avinguda Comte de Sallent 15-2°, Tel. 971 71 82 90
Fax 971 71 21 32, info@dieakademie.com, www.dieakademie.com

Dialog Sprachenschule
(d 2) Palma, c/. Velázquez 2
Tel. 971 71 99 94

Trabalenguas
(D 3, West) Sóller, Avinguda Cristòfol Colom 3, 1. Stock links
Tel. 971 63 50 79, info@trabalenguas.net, www.trabalenguas.net

GOLF

18 Golfplätze, 14 davon öffentlich, existieren auf der Insel. Allgemeine Auskünfte:

Balearischer Golfverband: Federación Balear de Golf
(a/b 2) Palma, Avinguda Jaume III. 17-10, Büro N° 16
Tel. 971 72 22 53
Fax 971 71 17 31, www.fbgolf.com

ABENTEUERTOUR

Zwei Wege, ein Ziel

Sa Calobra beweist die Richtigkeit des Satzes: Der Weg ist das Ziel

Meer am Ende der Schlucht

Sa Calobra ist eine Badebucht, mit ein paar Fischlokalen und Souvenirläden. Nicht viel, aber mehr als 1932. Damals hatte die Bucht lediglich mit 20 Bewohnern aufzuwarten, mit regem Schmuggel und völliger Isolation. Heute besuchen in der Saison täglich mehr als 100 Busse und 1000 Mietwagenfahrer den Ort, außerdem einige hartgesottene Wanderer. Warum?
Ganz einfach: Sa Calobra beweist: Der Weg ist das Ziel. Denn vom Wasserweg einmal abgesehen gibt es nur zwei Möglichkeiten, in die Bucht zu gelangen: durch den Torrent de Pareis, die „Paradiesschlucht", oder über Sa Calobra, die gleichnamige Serpentinenstraße, eine der spektakulärsten Europas.
Beide Wege sind Attraktionen. Wer keine verpassen möchte, kann hin den Fußmarsch durch die Schlucht wählen und zurück über die Serpentinenstraße fahren. Entsprechende Touren mit geführter Wanderung und Rückhol-Service von Sa Calobra bietet der Club GEM in Palma an. Immerhin 600 Meter Höhenunterschied sind auf der vier Kilometer langen Strecke durch den Torrent de Pareis zu bewältigen. Insofern liegt es nah, die Strecke von oben nach unten zu wählen: vorbei an Nadelöhren aus bis zu 400 Meter hohen Felswänden, durch Höhlen und über glatte Steinrutschen. Nach einem Bad im Meer und Picknick am Strand holen Autos die Wanderer ab – zur Tour über die „Schlangenstraße" (*sa calobra*, „die Natter"). Zwölfmal windet sich die Serpentinenstraße des italienischen Straßenbau-Ingenieurs Antonio Parietti in Haarnadelkurven durch die Karstlandschaft. Einmal dreht sie sich in einer 360-Grad-Kurve sogar um sich selbst – im berühmten „Krawattenknoten". Bis heute ist unklar, warum die Straße 1932 eigentlich gebaut wurde – für ein Schmugglernest mit 20 Einwohnern. Klar ist nur: sie gehört zu den Highlights Mallorcas.

Begleitete Tour durch den Torrent de Pareis und über Serpentinenstraße Sa Calobra (E 2, Nord)
Mindestens vier, maximal zehn Personen. Führungen auch auf Englisch. Je nach Gruppengröße zwischen 25 und 36 € pro Person, inklusive Versicherung, exklusive Verpflegung und Anfahrt zum Treffpunkt bei Escorca.
Club GEM, Palma de Mallorca, c/. Andreu Feliu
Tel. 971 94 79 00 (besetzt Mo-Fr 18-22 Uhr) oder 629-42 21 46, secretaria@gemweb.org, www.gemweb.org.

>> Die Planquadrate der Adressen in Palma beziehen sich auf die Karte auf Seite 135

SCHIFFSTÖRN

Die Ziegeninsel

Nationalpark mit einem Hauch von Capri: Ein Tag auf Cabrera

Unter Naturschutz: Agaven auf Cabrera

Von den Phöniziern ist bekannt, dass sie so gut wie überall im Mittelmeerraum waren – oft als erste – und einen Riecher für gute Anker-, Handels- und Siedlungsplätze hatten. Insofern überraschte es die Archäologen kaum, als vor der Insel Cabrera, 12 Kilometer südlich von Mallorca, phönizische Amphoren und Schiffsreste gefunden wurden: Hier waren sie also auch, die Phönizier. Der Hafen der Insel, Port de Cabrera, gilt bis heute als einer der bestgeschützten Naturhäfen des Mittelmeers. Händler, Piraten, kriegführende Parteien und Fischer haben die Hauptinsel des kleinen Archipels mit zwölf Nebeninseln über die Jahrhunderte besetzt, benutzt und bewohnt. 1808 bis 1813, während der Napoleonischen Kriege, diente die Festung Es Castell als Gefängnis für 10 000 Franzosen, die meisten davon verließen Cabrera nicht mehr lebend. Ein Museum erinnert an die bewegte Historie der „Ziegeninsel" (*la cabra*, „die Ziege"), benannt nach ihren ausdauerndsten Bewohnern.

Seit 1991 ist Cabrera Nationalpark, und die Besucher, die in begrenzter Zahl mit Ausflugsbooten aus Alcúdia und Colònia de Sant Jordi das unbewohnte Eiland besuchen, müssen sich dem Naturschutz unterordnen. Lärm ist zu vermeiden, um die Nistplätze von Fischadlern und der seltenen Audouin-Möwen zu schützen. Ausgeschilderte Wege führen kreuz und quer über die Insel: zum Kastell, zum Museum und zu den einsamen Stränden. Mit dem Boot kann man 40 Meter weit in die Cova Blava, die Blaue Grotte, hineinfahren.

Excursiones a Cabrera

(F 7, Süd) Colònia de Sant Jordi, c/. Borja Moll 3
Ses Salines, Tel. 971 64 90 34, Fax 971 64 28 03
info@excursionescabrera.com, wwwi.excursionescabrera.com
1.Apr.-31.Okt. tägl. 9.30 Uhr, Rückkunft gegen 17 Uhr; Erwachsene 28 €, Kinder (3-10) 14 €. Reservieren.

GOLFPLÄTZE

Golf de Andratx
Zwischen Bergen und Meer; Austragungsort internationaler Turniere. 18 Loch.
(B 5, West) Andratx, c/. Cromlec 1 Camp de Mar, Tel. 971 23 62 80 Fax 971 23 63 31

Golf Son Termens
Traumlage mit Meerblick, anspruchsvoller Verlauf. 18 Loch.
(D 3/4, West) Bunyola Straße nach S'Esgleieta km 10 Tel. 971 61 78 62 Fax 971 61 78 45

Golf de Poniente
Nichts für Anfänger: ein langer, schneller und komplizierter Platz mit mehreren Seen. 18 Loch.
(B/C 5, West) Calvià, Straße nach Cala Figuera, Tel. 971 13 01 48 Fax 971 13 01 76, golf@poniente golf.com, www.ponientegolf.com.

Golf Santa Ponça I
Beste Sicht auf die Bucht von Palma. Die Plätze II und III nur für Clubmitglieder, auf Green I darf jeder spielen. 18 Loch.
(B 5, West) Calvià, Urbanización Santa Ponça, Tel. 971 69 02 11 Fax 971 69 33 64

Real Golf de Bendinat
Große Höhenunterschiede auf dem Parcours, dennoch auch für Anfänger gut zu spielen. Tallage, Meerblick, 18 Loch.
(C 5, West) Calvià, Urbanización Bendinat, c/. Formentera s/n, Tel. 971 40 52 00, Fax 971 70 07 86 golfbendinat@terra.es

Canyamel Golf
Die Schönheit des Ostens in einen Golfplatz integriert. Für erfahrene Spieler. 18 Loch.
(J 3, Ost) Capdepera Urbanización Canyamel Avinguda des Cap Vermell Tel. 971 84 13 13 Fax 971 84 13 14 casaclub@canyamelgolf.com www.canyamelgolf.com

Capdepera Golf
Parcours mit Seen und einem Talaiot. Alle Niveaus, 18 Loch.
(I 3, Ost) Capdepera, Straße Artà-Capdepera km 3,5 Tel. 971 81 85 00 Fax 971 81 81 93

Club de Golf vall d'Or
Die ersten neun Loch auch für Neulinge geeignet, die anderen neun nur für Profis. 18 Loch.
(H 6, Ost) S'Horta, Straße Portocolom-Cala d'Or km 7,7 Tel. 971 83 70 68 Fax 971 83 72 99

Son Antem I und II
Nahe Platja de Palma. Platz I ist breit und lang zu spielen, Platz II viel bestaunt und etwas für Fortgeschrittene. Beide 18 Loch.
(E 5, Süd) Llucmajor, Straße Llucmajor km 3,4 Tel. 971 66 11 24, 971 12 92 00 Fax 971 12 92 01

Son Vida Golf
Mallorcas ältester Golfplatz von 1964. Hübsche Anlage, aber nicht einfach: enge Parcours für Präzisionsspieler. 18 Loch.
(C 4, West) Palma, Urbanización Son Vida, Tel. 971 79 12 10 Fax 971 79 11 27 sonvidagolf@readysoft.es

Schwungvoll in Capdepera

Golf Pollença
Für alle etwas dabei und doch nicht langweilig. 9 Loch.
(G 2, Nord) Pollença Straße Palma-Pollença km 49,3 Tel. 971 53 32 16 Fax 971 53 32 65, golfpollensadir @jet.es, www.golfpollensa.com

Pula Golf
Frühgeschichtliche Reste auf einem flachen Campus. Nichts für Anfänger. 18 Loch.
(I 4, Ost) Son Servera, Straße Son Servera-Capdepera km 3 Tel. 971 81 70 34 Fax 971 81 70 35

Club Golf Son Servera
Eng, kurz, schnell: Anfänger mühen sich. 9 Loch.
(I 4, Ost) Son Servera Tel. 97184 00 96 Fax 97184 01 60 cgss@golfsonservera.com www.golfsonservera.com

MIT KINDERN UNTERWEGS

Abtauchen und Abheben

Familienurlauber willkommen: zu Lande, zu Wasser und in der Luft

Ein Mal Kapitän Nemo sein: Auf großer Tauchfahrt im U-Boot

Tiere und Wasser oder beides: das Spaßangebot für Kinder schöpft aus den natürlichen Ressourcen einer Insel mit langer bäuerlicher Tradition. Außergewöhnliche, wenn auch nicht ganz billige Erlebnisse bietet ein Ausflug mit dem U-Boot „Nemo" oder eine Ballonfahrt über Mallorca. Wer lieber auf Klassiker setzt, hat die Qual der Wahl zwischen fünf Wasserparks, einer davon mit Wachsfigurenkabinett. Kleine Großwildjäger werden im Safari-Park auf ihre Kosten kommen und Möchtegern-Cowboys aus dem Western Park nur mit Mühe weg zu kriegen sein.

Nemo Submarino M

Das U-Boot taucht 45 Minuten auf 20 Meter Tiefe in die Unterwassergärten nahe der Insel Sech. Die gesamte Fahrt dauert zwei Stunden. Vorher gibt es eine Videoshow, hinterher ein „Tiefsee-Diplom". Anmelden! Abholservice von elf Punkten auf der ganzen Insel. Kinder unter drei Jahren dürfen nicht mit.
(C 5, West) Magaluf, c/. Galeón 2
Tel. 971 13 02 44
Fax 971 13 02 29
www.nemosub.com
Mai-Okt. 9-20 Uhr außer So, Mo Fahrpreis 67 €, Kinder 47 € (bis 12 Jahre), Familienpreis 195 € (zwei Erw., beliebig viele Kinder).

Mallorca Balloons M M

Die Piloten sprechen alle gängigen Sprachen, nehmen das Thema Sicherheit ernst und sorgen dafür, dass niemand den Flug je vergisst. Reservieren!
(J 3, Ost) Cala Rajada,
c/. Can Mellis 22, Tel. 971 81 81 82
Fax 971 56 53 32
mallorcaballoons@wanadoo.es
www.mallorcaballoons.com.
Flüge 15. März-Okt., 1 Std. 140 €, Kinder 90 €, 30 Min. 105 €, Kinder 60 €.

Marineland M

Seelöwen, Delfine, Pinguine und Papageien treten in sieben Shows pro Tag auf. Tropengarten, Strand und Spielplätze bieten allerhand Auslauf für die lieben Kleinen.
(C 5, West) Calvià, Costa d'en Blanes, Tel. 971 67 51 25
Fax 971 67 55 54; *geöffnet 9-19 Uhr, Okt.-März 10-18 Uhr; geschl. 19. Dez.-1. Febr.; Eintritt 14,50 €, Kinder 10,25 € (3-12 Jahre).*

Aquacity M

Einer der größten Wasserparks Europas. Was immer Kinder an Wasserrutschen und -achterbahnen erträumen, Aquacity hat es.
(D 5, West) S'Arenal,
Schnellstraße Palma-S'Arenal
Ausfahrt 13, Tel. 971 44 00 00
Fax 971 44 00 35; *geöffnet Mai-Sept. 10-18 Uhr; Eintritt 16 €, Kinder (3-12) 11,25 €.*

Wachsmuseum Foro de Mallorca

König Juan Carlos I. die Hand schütteln, hier geht das! Er ist zwar nur aus Wachs, aber dem Original täuschend ähnlich, wie alle Figuren aus dem internationalen Bekanntenkreis. Im Sommer Bademöglichkeit.
(E 3, West) Binissalem,
an der PM-27 Palma-Inca
Tel. 971 51 12 28
Fax 971 87 03 52; *9-20 Uhr, Eintritt 7,25 €, Kinder 4,25 €.*

Safari-Zoo M

Mit dem Safaribus, dem Safarizug oder im eigenen Auto vorbei an Tigern, Löwen, Elefanten, Nilpferden, Krokodilen, Zebras, Gnus, Affen – die Fauna Afrikas und Asiens ist zumindest in Teilen vertreten. Im Sommer zusätzlich Löwen- und Tigershow.
(I 4, Ost) Cala Millor, an der Straße Portocristo-Son Servera km 5, Tel. 971 81 09 09
Fax 971 81 04 84; *Apr.-Sept. 9-19 Uhr, Okt.-März bis 17 Uhr; Eintritt 10 €, Kinder (4-12) 7 €.*

Western Park

Indianer, Cowboys, Saloons – der Wilde Westen live. Zudem Wasserattraktionen, Streichelzoo.
(C 5, West) Magaluf, Sa Porrassa, Straße nach Cala Figuera
Tel. 971 13 12 03
Fax 971 13 11 93, www.westernpark.com; *April-Okt. 10-17 Uhr; Eintritt 13,90 €, Kinder 7,90 €.*

Pony Club Calvià M

Ob Anfänger oder Profi, zwischen den 30 Pferden, davon 20 Ponys, findet jedes Kind das richtige. Die Ponys sind gut ausgebildet, Sicherheit geht vor. Helme, Stiefel sind auszuleihen.
(B/C 4, West) Calvià,
am Ortseingang, ausgeschildert
Tel. 609-64 62 48
Fax 971 67 04 01; *für Kinder 6-16 Jahre, tägl. außer So, 10-19 Uhr, ab 15 €/Std. Anmelden.*

Vogelwelten

Die Sümpfe, Dünen und Lagunen der S'Albufera zwischen Muro und Sa Pobla sind seit 1988 Naturpark: 200 Vogelarten haben darin ihren Wohnsitz oder rasten auf der Durchreise. Flamingos, Seidenreiher oder Mönchsgeier brüten ungestört und laben sich am Reichtum der Gewässer. Der Mensch ist willkommen – aber nur als Beobachter und respektvoller Gast.
(G 2, Nord) Parc Natural de S'Albufera de Mallorca, Can Picafort
Tel. 971 89 22 50
salbufera@oninet.es
April-Sept. tägl. 9-19 Uhr, Okt.-März 9-17 Uhr.

RÜCKBLICK

Mauren in Sicht!

Piratenüberfälle als alljährliches Volksfest

Sie kamen nachts, plünderten die Häuser, entführten die Bewohner und steckten alles in Brand. Die Geiseln verkauften sie als Sklaven oder gaben sie nur gegen astronomische Lösegelder frei. Mehr als 300 Jahre lang, vom 14. bis zum 17. Jahrhundert, lebten Mallorcas Küstenbewohner in ständiger Angst vor diesem Terror, und 300 Jahre später gedenken sie des kollektiven Schreckens mit ausgelassenen Festen: „Moros i Cristians", Mauren und Christen, gerät in Sóller und Pollença zu einer Mischung aus sakralem Ernst und karnevaleskem Übermut, wenn die Orte die historischen Überfälle durch türkische Piraten nachspielen.

Wie schon in der Nacht jenes 30. Mai 1550 eröffnet der Alarmruf *„Moros a terra!* – Mauren in Sicht!" die Straßenschlacht in Pollença. Wie damals tragen die aus dem Schlaf gerissenen Männer Nachthemden und dreschen mit Heugabeln, Knüppeln und Stuhlbeinen auf die *moros* ein, die mit einem Kostüm-Mix aus 1001 Nacht und Korsarenfilmen angetan sind.

Dass die wirklichen Angreifer, türkische Piraten, nicht Nachfahren der einstigen maurischen, also nordafrikanischen Herrscher Mallorcas waren, hat für das folkloristische Feindbild wenig Bedeutung. Die Mallorquiner feiern den Sieg über die *moros* wie eine Bestätigung der Reconquista, der christlichen Rückeroberung Spaniens. Dazu gehört natürlich auch eine Messe, in der alle Einzelheiten der Schlacht hergebetet werden. Dazu gehört außerdem, wie zum Beispiel in Sóller, die Würdigung der *valentes dones,* der „mutigen Frauen", die in der Schreckensnacht am 11. Mai 1561 Heim und Herd mit Bratpfannen, Beilen und Schürhaken verteidigten.

Beim Volksfest Moros i Cristians gewinnen immer die Gleichen

Zum Klischee der maurischen Niederlage gehört auch, dass die Muselmanen angesichts der unverschleierten Nachthemd-Furien entsetzt die Flucht ergriffen. Anders als in jenen längst vergangenen Mai-Nächten aber wird bei der heutigen modernen Neuinszenierung hinterher aufs Einträchtigste miteinander gefeiert und getanzt. Und dass der Prophet Alkohol strikt verboten hat, stört die *moros*-Darsteller dann für einen Tag ebenso wenig wie die siegestrunkenen *cristians*.

Sóller und Port de Sóller: zweiter Sonntag im Mai
Pollença und Port de Pollença: 2. August

Erste Siedler und Römer

7200 v. Chr. Knochenfunde aus einer Höhle bei Esporles belegen eine Besiedelung Mallorcas seit dieser Zeit.
1300 v. Chr. Bis zur Eroberung durch die Römer dauert die talaiotische Epoche. Neue Siedler legen Kolonien mit *talaiots,* Wachttürmen, wie in Capocorb Vell an. Ihre Fertigkeit im Steinschleudern brachte der Inselgruppe den Namen Balearen ein, vom griechischen *ballein,* „werfen".

Das Heerlager Jaumes I. während der Rückeroberung Mallorcas

123 v.Chr. Landung der Römer bei Alcúdia. Unter ihnen erlebt Mallorca eine erste wirtschaftliche Blüte: Die Insel ist begehrter Wohnsitz im Römischen Reich.

Mauren und Reconquista

455 n.Chr. Die Vandalen plündern und erobern Mallorca.
534 Die Balearen werden Teil des Byzantinischen Reiches.
902 Mallorca fällt unter maurische Herrschaft. Ausgeklügelte Bewässerungssysteme verbessern die Landwirtschaft, Palma wird Hochburg der Wissenschaften.
1229 Reconquista: Die Aragoneser erobern unter Jaume I. Mallorca zurück. Die Araber werden vertrieben oder versklavt.
1276 Jaume II. gründet das Königreich Mallorca.
1349 Jaume III. unterliegt in der Schlacht von Llucmajor, Mallorca fällt an Aragón zurück.
1479 Als Teil Aragóns wird Mallorca dem ersten „spanischen Staat" unter Isabella I. und Ferdinand II. einverleibt. Nach der Entdeckung Amerikas verliert Mallorca im 16. und 17. Jahrhundert als Handelsdrehscheibe an Bedeutung. Häufige Piratenüberfälle; an den Küsten werden Wachttürme gebaut, die Städte befestigt.
1715 Die Truppen Philipps V. nehmen Mallorca ein.
1812 Mallorca erhält nach den Befreiungskriegen gegen Napoleon eine eigene Verfassung.

Mallorca als Touristenziel

1838/39 George Sand und Frédéric Chopin verbringen den Winter im Kloster Valldemossa.
1936 Im Spanischen Bürgerkrieg fällt die Insel an die Faschisten.
1936-1975 Während der Franco-Diktatur ist Mallorquí als Sprache in der Öffentlichkeit verboten.
Ab 1960 Mit der wirtschaftlichen Öffnung Spaniens fördert Franco Mallorca als Touristenziel.
1966 Mehr als 1 Mio. ausländische Touristen pro Jahr auf Mallorca.
1973 Gründung der Umweltschutzgruppe GOB.
1983 Die Balearen werden autonom, mit Palma als Sitz des Govern, der Balearen-Regierung.

Isabella I., Königin von Kastilien und León und später Aragón

1992 Der Govern stellt ein Drittel der Insel unter Naturschutz.
1998 Erlass eines Baustopps für Hotels – bei den rund 280 000 Betten, ein Fünftel des spanischen Volumens, soll es bleiben.
2002 Seit Mai wird von Touristen eine Ökosteuer von durchschnittlich 1 Euro pro Nacht erhoben.

ORTE

STRÄNDE

Tel. 971 65 51 47, Fax 971 66 61 00, doris@mallorca.com *Nov.-Febr. geschl., 22 Zi.* €

Hostal Mar Blau

Pension im alten Stil, die den Anschluss an die Moderne nicht verpasst hat. Einfach, sauber, freundlich, hell und das Meer vor der Tür.
(H 7, Süd) Cala Figuera, c/. Església 24, Tel./Fax 971 64 52 27 *Okt.-März geschl., 40 Zi.* €

HOTELS UND HOSTALS | WEST

Hotel Nord

Hübsches Mallorquiner Stadthaus mit Sonnenterrasse, Kaminzimmer und schattigem Innenhof.
(B 4, West) Estellencs, Plaça d'es Triquet 4, Tel. 971 14 90 06 Fax 971 14 90 15, nord@hotelruralnord.com, www.hotelruralnord.com *8 Zi.* €€

Hotel Ca'n Reus

Wer Zimmer „Almallutx" bewohnt, blickt auf den gleichnamigen Tramuntana-Gipfel. Großzügige, rustikale und farbenfroh eingerichtete Zimmer, jedes mit anderer Sicht auf Berge, Orangen- und Olivenhaine.
(D/E 2, West) Fornalutx c/. de l'Auba 26, Tel./Fax 971 63 11 74 canreus@hotmail.com *7 Zi.* €€

Petit Hotel Fornalutx M

Im mehrfach als schönstes Dorf Spaniens ausgezeichneten Fornalutx hat dieses Haus mit den dicken Steinmauern schon als Kloster und Dorfschule gedient. Mallorquiner Patina und modernes minimalistisches Design vertragen sich durchaus in diesem Haus.
(D/E 2, West) Fornalutx c/. Alba 22, Tel. 971 63 19 97 Fax 971 63 50 26, fornalutxph@baleares.com, www.fornalutxpetithotel.com *8 Zi.* €€€

Ofra Resort Hotel Mallorca M

Haus im Kolonialstil mit sonnigen Zimmern, Teakholzmöbeln und Korbsesseln. Eigener Golfplatz. Breites Wellness-Angebot, römisches Bad, finnische Sauna, Whirl-, In- und Outdoorpool.
(C 5, West) Portals Nous/Calvià c/. Arquitecto Francisco Casas 18 Tel. 971 70 77 77, Fax 971 70 76 76, golf@ofra-resort-hotel.com, www.ofra-resort-hotel.com/de *100 Zi.* €€€

Hotel Ca'l Bisbe M

Von neugierigen Blicken in sein Domizil hielt Bischof Bisbe Nadal offenbar nichts, als er sich im 19. Jahrhundert hier niederließ. Äußerlich abweisend und schmucklos, ist das klösterlich ruhige Haus innen hell und von schlichter Eleganz, mit Erinnerungsstücken an die kirchliche Vorgeschichte. Sicht aufs grüne Sóller.
(D 3, West) Sóller, c/. Bisbe Nadal 10, Tel. 971 63 12 28 Fax 971 63 81 51, recepcion@hotelcalbisbe.com, www.hotelcalbisbe.com *25 Zi.* €€

Hotel Vistamar: „Indianerhaus" der Amerika-Rückkehrer

Hotel Vistamar MMM

Im Kloster von Valldemossa sei es bitterkalt, beschwerte sich George Sand. Im alten „Indianerhaus" – so heißen die Anwesen von zurückgekehrten Amerika-Auswanderern – muss heute niemand mehr frieren. Modernes Design mit traditionellen mallorquinischen Adaptionen, persönliche Atmosphäre.
(C/D 3, West) Valldemossa Straße nach Andratx km 2 Tel. 971 61 23 00 Fax 971 61 25 83 info@vistamarhotel.es www.vistamarhotel.es *Okt.-Febr. geschl., 16 Zi.* €€€

Hotel Son Brondo M

An diesem Herrenhaus haben schon die Mauren gebaut, später, seit dem 16. Jahrhundert, die Adels-Familie Alemany-Rosselló, der es bis heute gehört und deren Wappen über dem Eingang prangt. Unter den Gästen befand sich auch Erzherzog Ludwig Salvator. Die Besitzer des komfortablen Traditionshauses haben ein sicheres Gespür für Gastlichkeit.

HOTEL-LEGENDEN

Hotel Formentor

Wie Phoenix aus der Asche

Als das Reisen noch das Vergnügen einer kleinen Elite war, gab es auf Mallorca zwei legendäre Hotels: das **Gran Hotel** in Palma und das **Hotel Formentor** auf der gleichnamigen Halbinsel im Nordwesten. Beide empfingen die Reichen und Berühmten, mit dem Spanischen Bürgerkrieg jedoch begann auch ein langer, unaufhaltsamer Abstieg. Das Gran Hotel schloss 1975, das Formentor wechselte seit dem ersten Konkurs in den dreißiger Jahren bis Anfang der Neunziger fast ebenso schnell die Besitzer wie die Bettwäsche. Während das Gran Hotel heute ein renommiertes Kulturzentrum im Besitz der Sparkasse La Caixa ist, blieb das Formentor weiterhin Hotel. Und es floriert.

Seinen Gründer, den **Deutsch-Argentinier Adan Diehl,** würde das zweifelsohne freuen: Der Reisende aus Leidenschaft, wohlhabend und selbstbewusst genug, sich selbst zum Dichter und Schöngeist zu erklären, lernte Mallorca in den zwanziger Jahren kennen. 1926 erwarb er einen Großteil der wilden windumtosten Halbinsel Formentor und eröffnete drei Jahre später das Hotel – einen schneeweißen Bau, dessen Architektur sich an den Bauhaus-Stil anlehnte. Zur selben Zeit wurde auch die Panoramastraße nach Cap Formentor fertig.

Um das Hotel bekannt zu machen, startete Diehl eine Werbekampagne. Erfolgreich, die Gäste folgten rasch dem Lockruf des Luxus: **Charles Chaplin, der Aga Khan,** der **Herzog von Windsor und Winston Churchill** waren nur einige der vielen Mächtigen und Prominenten. Dennoch gingen Diehls kaufmännische Kalkulationen nicht auf: Hoch verschuldet musste er 1934 das Hotel abgeben. Ab nun schlitterte der Hotelbetrieb jahrzehntelang von einer Pleite in die nächste, bis 1991 schließlich eine Gruppe Mallorquiner Kaufleute das Formentor erwarb, sanierte und zu dem machte, was es stets sein sollte: ein gut gebuchtes, vor allem aber ein besonderes Hotel.

Das viergeschossige Haus liegt im Piniengürtel der Halbinsel. Die Zimmer, geräumig und lichtdurchflutet, bieten den Komfort eines 5-Sterne-Hauses, wenn auch in einer etwas altmodischen Stilmöbel-Ästhetik. Unübertroffen schön: Garten und Hotelterrasse über der tiefblau schimmernden Bucht von **Port de Pollença.** Eine breite Freitreppe und ein Pfad führen zum **Strand Cala Pi,** einem der schönsten der Insel: Die Pinien reichen fast bis ans Meer, der weiße Sand geht sanft ins Wasser über. Glücklich die, die am Abend nicht zurückfahren, sondern nur die Treppe hinauf und sich lediglich entscheiden müssen: erst aufs Zimmer oder erst in die Bar oder ins Restaurant?

Hotel Formentor (G/H 1, Nord) Port de Pollença Platja de Formentor, Tel. 971-89 91 00, Fax 971-86 51 55 reservas@hotelformentor.net, www.hotelformentor.net *Nov.-März geschl., 125 Zi.* €€€€

(G 1, Nord) Port de Pollença c/ Joan XXIII 68, Tel./Fax 971 86 50 05, juanjo.corro@telefonica.net *18 Zi.* €

Hostal Residencia Paris M

Am winzigen Hafen von Pollença haben nur wenige Hotels Platz, solche wie dieses Hostal mit Terrasse und Garten noch weniger. Gemütlicher Familienbetrieb.
(G 1, Nord) Port de Pollença c/. Magallanes 18, Tel. 971 86 40 17, Fax 971 86 40 17 hrparis@inicia.es
Dez.-März geschl., 24 Zi. €

HOTELS UND HOSTALS | SÜD

Robinson-Club Cala Serena M

Die Lage auf der 100 000 Quadratmeter großen Halbinsel mit idyllischer Badebucht (öffentlich, aber selten überlaufen) ist traumhaft. 2003 komplette Renovierung des 1972 eröffneten Clubs, der ganzjährig zu Golf, Tennis, Tauchen, Töpfern, Musik und Theater einlädt. Neu: Indoor-Pool, Wellness-Angebote, Fitness-Restaurant.
(H 6, Süd) Cala Serena/Cala d'Or, Tel. 971 16 90 00, Fax 971 65 76 81, www.robinson-club.com *ca. 200 Zi., Wiedereröffnung August 2003*

Hotel Son Mercadal M

Landurlaub frei von Stress lautet das Motto in diesem schönen Landhotel. Deshalb fehlen in den Zimmern Telefon und Fernsehgerät, dafür haben sie große Terrassen.
(F/G 5, Süd) Porreres, c/. de Son Pau s/n, Tel./Fax 971 18 13 07 son.mercadal@todoesp.es
7 Zi. €€

Hotel Es Recó de Randa M

Die Mallorquiner kommen wegen der exzellenten Küche, die Touristen wegen der Ruhe und der traumhaften Sicht über die landwirtschaftlich geprägte Ebene Pla. Zimmer im provençalischen Stil und familiäre Atmosphäre.
(F 5, Süd) Randa, c/. Font 21, Tel. 971 66 09 97, Fax 971 66 25 58, esreco@fehm.es www.fehm.es/pmi/esreco
14 Zi. €€€

Mit Sonnenbalkon und kleinem Salon: Hotel Cala Sant Vincenç

Hostal Cala M

Der beeindruckende Meerblick für wenig Geld ist der Trumph des Hauses: Ein besseres Preis-Leistungs-Verhältnis wird im quirligen Cala Figuera kaum zu finden sein.
(H 7, Süd) Cala Figuera c/. Verge del Carme 56 Tel. 971 64 50 18 Fax 971 64 51 37 *20 Zi.* €

Hostal Doris

Im Ortszentrum und keine zehn Gehminuten von Es Trenc entfernt, einem der schönstem Strände der Insel. Die Zimmer sind zwar einfach, haben jedoch Mallorquiner Ambiente. Beliebt bei Familien.
(F 7, Süd) Colònia de Sant Jordi c/. Estanques 56

„La Ciutat" – die Metropole Palma

Die mallorquinische Hauptstadt ist zu jeder Jahreszeit ein beliebtes Ziel und trotz der unzähligen Fremden, die ihr Zentrum tagein, tagaus bevölkern, eine attraktive mediterrane Stadt geblieben: mit schattigen Boulevards und sonnigen Plätzen, mit architektonischen Einflüssen vieler Epochen von Gotik bis Jugendstil, mit Restaurants, Cafés und Geschäften, Museen und Galerien. Der detaillierte MERIAN-Vorschlag für einen Stadtrundgang ist auf der Rückseite des herausnehmbaren Faltplans zu finden.

MERIAN-Straßenkarte
Mallorca
A
B
C
D
E
Barcelona
Barcelona
Single des P
Cala Codolar
Morro de Sa Vaca
Puig Roig
1002
Cala de Sa Calobra
Sa Calobra
Quartier des Carabiniers
Cala Tuent
Racó de Sa Taleca
Cavall Bernat
Punta Cala Rotja
Cala Tuent
Escorca
Monestir de Lluc
Torre Sa Seca
S'Illeta
Balitx 578
Bàlitx d'Avall
Puig Major 1443
Almallutx
Cap Gros
Port de Sóller
Son Muleta
Fornalutx
Barraca
Cala de Deià
Bini Morat
Pantà de Cúber
Punta de Deià
C710
Llucalcari
Biniaraix
L'Ofre 1090
Massanella
Aumedrà
Punta de Sa Foradada
Sóller
Es Cornador 1009
Mancor de la Vall
Son Marroig
Deià
Alfàbia 1067
Orient
Sollerich
Miramar
Teix 1062
Coll de Sóller 496
Biniamar
Port de Valldemossa
Ermita de Trinitat
Jardins de Alfàbia
Coll de Hono
Castell d'Aláro
Cala de Valldemossa
Port des Canonge
Son Olesa Nou
Valldemossa
Alfàbia
Alaró
PM-211
Lloseta
Coll de Sa Bastida
Reial Cartoixa
C711
Bunyola
Foro de Mallorca
Banyalbufar
295
Nova Valldemossa
Coll de Claret 562
PM-111
666 Namarich
Punta des Verger
Son Patx
PM-202
Son Antem
Binissalem
Torre Atalaya de Ses Animes
Son Antich
Jardins de Raixa
Punta de Son Serralta
Sa Granja
Esporles
PM-27
Biniagual
Consell
Estellencs
Puntals 876
S'Hort de Son Noguera
Palmanyola
PM-202
Mirador de Ricardo Roca
S'Esglejeta
Santa Maria del Camí
Torrent
Son Fortesa
Es Verger
PM-104
Establiments
Nous
Els Garrofers
Punta de Sa Foradada
Son Lladó
Marratxí
Biniali
Esclop 926
Galatzó 1025
Can Amorós
Ses Alqueries
Puigpunyent
Son Berga
Son Sardina
Sa Cabaneta
Portol
Ses Olleries
Santa Eugènia
Fondal de Ses Basses
Establiments
S'Indioteria
C713
Illa Sa Dragonera
Sa Trapa
Coll de Gremola 343
C710
Son Serralta
Son Roca
Vila Monreal
Parc Natural de Dragonera
Galilea
La Victoria
Puntiró
Son Magina
Son Boch
Son Vida
Sa Vileta
Pla de Natesa
Sant Elm
Palma de Mallorca
Rafal
Pont d'Inca
S'Arracó
Capdellà
PM-20
Creu Vermella
Enrich 318
Sa Coma
Catedral La Seu
Cap Llebeitx
Punta Galinda
Andratx
Calvià
C715
Son Ferriol
Casa Blanca
Son Gual
Port d'Andratx
Sant Joan
Gènova
PM-19
Sant Jordi
C719
Son Pieres
Cala Major
Es Mulinar
Camp de Mar
Peguera
Costa d'en Blanes
S. Agustí
Aerport de Son Sant Joan
Costa de la Calma
Ses Illetes
Cap de Sa Mola
Castell de Bendinat
Ciutat Jardí
Fornells
Marineland
Portals Nous
Can Pastilla
Son Garcies
C. de Mar
Ensenada de Santa Ponça
PM-1
Palma Nova
Portals Nous
Platja de Palma
C717
Cap des Llamp
Platja de S'Arenal
Ses Cadenes
Magaluf
Badia de Palma
Aquacity
Santa Ponça
Sa Porrassa
Badia Palma
S'Arenal
Llucmajor
Illa Malgrats
Cala Blava
Son Veri
PM-602
El Toro
I. de Sech
Cap Enderrocat
Cala Blava
Portals Vells
Sol de Mallorca
Fuerte
Ses Palmeres
Son Yeneboi
Illa del Toro
Cap de Cala Figuera
Cala Vella
Puig Ros d'Alt
La Moreria
Badia Azul
Sa Torre
València
Badia Gran
Cap de Regana
Fortin
S' Aguila
Son Catan
Capocorb
Capocorb Vell
Mittelmeer
Punta Llobera
Cala Pi
Vallgornera
Cap Blanc
Punta Capocorp
Cala Pi
S'Estanyol de Migjorn
Ibiza
Cabrera

F
G
H
I
J
1
2
3
4
5
6
7
Punta de Sa Font Salada
Cap de Catalunya
Cap de Formentor
Menorca
Fumat 334
Cala Murta
Punta Galera
Cala de Sant Vincenç
Punta la Nao
Platja de Formentor
Hotel Formentor
Illa de Formentor
Castell del Rei
Punta Beca
Cala Sollerich
Cala Sant Vincenç
Sa Celda
El Vila
Port de Pollença
Punta de l'Avançada
Badia de Pollença
Cap de Pinar
Ses Caletes
Torre d'Ariant
Pollença
Puig de Calvari
T. St. Jordi
Camp de Mar
Can Ribas
Talaia d'Alcúdia 444
Cap de Menorca
Bon Aire
Puig Maria 320
Montana
Tomir 1102
Alcúdia
Sa Bassa Blanca
Es Rafal
Aucanada
Port d'Alcúdia
Punta de Sa Vinya
tuari de Lluc
Ermita de Son Fé
Biniatro
Rafal de Casellas
es Murtera
Platja d'Alcúdia
Las Gaviotas
Badia
Fangar
Coves de Campanet
Can Pol
Platges de Mallorca
d'Alcúdia
Cap de Ferrutx
Binibona
Campanet
Canal de Siurana
Parc Natural S'Albufera
Platja de Muro
Es Single
Punta des Caló
Cala Font Salada
Caimari
Cala Matzocs
Cala Mitjana
Sa Pobla
Can Picafort
Platja de Son Bauló
436
Cala Torta
Cala Mesquida
Moscari
Búger
Selva
Son San Martí
Son Mascaró
Sa Vinya
Cap des Freu
Muro
Necròpoli Son Real
Son Real
Colònia de Son Serra
Colònia de Sant Pere
Cala Mesquida
Ermita Santa Magdalena
Son Parera
Corral d'en Serra
Ermita de Betlem
Can Son Morey
Punta de Capdepera
T. de Vinagrella
Illa Ravena
Castell de Capdepera
Jardins de Can March
Son Barrina
Son Mulet
Sa Teulada
Son Doblons
Sa Canova
Cala Rajada
Hostal des Bou
Llubí
Santa Margalida
Sa Canova
Sa Cabanell Nou
Ses Pastores
Artà
Ses Païsses
Capdepera
S'Hort d'en Bordils
Maria de la Salut
Montblanch
Pou Colomé
Cala Carregador
Sa Font de la Cala
Torre de Canyamel
Son Guillot
Torrent de S'Avall
Sa Jordana
Coves d'Artà
Cap Vermell
Biniali
Costitx
Sa Samentera
Ariany
Can Sopa
Costa des Pins
Cala Canyamel
Costa de Canyamel
Sancelles
Es Pla
Sineu
Torrent de Sa Teulada
Torrent de Petra
Can Ribotet
Son Mesquida
Son Servera
Cap des Pinar
Sa Torre
Rafalet Drach
Bellver Rico
Platja des Ribell
Can Xota
Ruberts
Lloret de Vista Alegre
Petra
Cala Bona
Pina
Son Servera
Sant Joan
S'Hort d'en Mangus
Sant Llorenç des Cardassar
Cala Millor
Son Llubí
Tagamanent
Santuari de la Consolació
Ermita de N. S. de Bonany
Es Pou Nou
Safari-Zoo
Punta de N'Amer
Son Fornés
Montuïri
Manacor
Son Carrió
Platja de Sa Coma
Vilafranca de Bonany
Santa Sirga
S'Illot
Algaida
Son Coll Vell
Ermita de Sant Miquel
Coves dels Harms
Cala Morlanda
Son Valent
Son Juan Jaume
Santa Ponça
Es Rafal Pudent
Portocristo
Santuari de Nostra Senyora de Cura
Son Valls Nou
Coves del Drach
anda
Son Amoixa
Porto Cristo Novo
Porreres
Església de Crist Rei
Son Macià
Cala Estany
major
Son Sastre
Can Pels
Coves del Pirata
Cala Falcó
Santuari de Monti-Sion
Son Gornals
Coves del Pilar
Felanitx
318
Cala Magraner
Son Neveta
Cales de Mallorca
Ses Puntes
Son Mesquida
Cala Antena
Cala Saldat
Sant Miquel
Ermita de Sant Salvador 509
Sa Plana Vella
Cala Romaguera
Son Saletes
Cala Murada
Cales de Mallorca
Cas Porradeint
Castell de Santueri
Can Gelat
Campos
Can Guixa
Santa Julia
Es Carritxó
Portocolom
Cala S'Algar
Cas Concos
Can Curta
Sa Punta
Can Barret
Son Elegant
Son Moro
S'Horta
Cala Marsal
Son Toni Amer
Calonge
Cala Marsal
S'Alqueria Blanca
Son Bielo
Santuari de la Consolació
Cala Serena
Cala Sanau
Son Alegre
Cala Mitjana
Sa Ràpita
Can Jordi
Can Sabater
Cala Ferrera
Salines de Llevant
Santanyí
Cala d'Or
Portopetro
Marina de Cala d'Or
Banys de Sant Joan
Cala Mondragó
Ses Covetes
Punta de Sa Torre
Punta Plana
Llombarts
S'Amarador
Es Trenc
Cala Santanyí
Cap des Moro
Ses Salines
Cala Figuera
Es Rafal des Porcs
Cala Figuera
Colònia de Sant Jordi
Cala Llombarts
Cala Santanyí
Sa Vall
Platja de Ses Roquetes
Cala S'Amonia
Sa Vallet
Cala Entugores
Cala Marmols
Platja des Caragol
Cap de ses Salines
Cabrera
Menorca
N
0
6 km

MERIAN | TIPP

Übernachten im Kloster

Fünf-Sterne-Komfort wird hier nicht geboten, dafür Atmosphäre, absolute Ruhe und das Gefühl, als Gast unter dem Dach eines Klosters geborgen zu sein.

Kloster Lluc M
Sind die vielen Tagestouristen erst weg, haben die Übernachtungsgäste das weitläufige Kloster für sich. Verpflegung in der Pilgerherberge. Einfache, aber saubere Zimmer mit Bad.
(E 2, Nord) Escorca
Tel. 971 87 15 25
Fax 971 51 70 96
info@lluc.net €

Ermíta de Bonany M
Der Rundblick von der Mitte der Insel ist grandios, da macht es kaum etwas, dass die Zimmer sehr einfach sind und es eine Dusche nur auf dem Flur gibt. Selbstverpflegung, Kochgelegenheit.
(G 4, Ost) Petra auf dem Klosterberg
Tel. 971 56 11 01
urantia@airtel.net €

Santuari de Cura M
Besteht aus zwei Häusern. Die Zimmer im oberen Kloster haben eine Dusche. Eine kleine Taverne gibt es dort auch. Bei guter Sicht kann man bis Palma blicken.
(F 5, Süd) Randa, auf dem Klosterberg
Tel. 971 66 09 94
Fax 971 66 20 52
24 Zi. €

Im Hotel Born leben die Gäste mit der mallorquinischen Geschichte

HOTELS UND HOSTALS | PALMA

Hotel Born M
Das renovierte Gebäude steht unter Denkmalschutz. Die Innenhöfe, Galerien, Flure und Zimmer atmen Geschichte – so, als käme der Hausherr jeden Moment in voller Ritterrüstung um die Ecke. Das Hotel bietet deutlich mehr, als zwei Sterne verheißen
(b 2) c/. Sant Jaume 3, Tel. 971 71 29 42, Fax 971 71 86 18 hotel_born @hotmail.com
30 Zi. €€

Hotel Dalt Murada
Landleben im gotischen Viertel: Bauernschränke und -betten, Lampen aus mallorquinischem Glas, Bäder mit Holz und Porzellan. Jedes Zimmer hat einen einheimischen Maler als Paten.
(c 3) c/. Almudaina 6-A, Tel. 971 42 53 00, Fax 971 71 97 08 info@daltmurada.com, www.daltmurada.com
8 Zi. €€

Hotel Palau Sa Font M
Der kleine Altstadtpalast aus dem 16. Jahrhundert ist innen modern, darum nicht so „mallorquinisch", doch charmant.
(b 3) c/. Apuntadors 38
Tel. 971 71 22 77
Fax 971 71 26 18
info@palausafont.com, www.palausafont.com *19 Zi.* €€

Hotel Sa Galesa MMM
Der Palast aus dem 17. Jahrhundert in einer ruhigen Altstadtgasse ist ein luxuriöses Kleinod und eines der beliebtesten Hotels in Palma. Zimmer, Bäder, Salons und Terrassen sind stilvoll gestaltet. Rechtzeitig reservieren.
(c 4) c/. Miramar 8, Tel. 971 71 54 00, Fax 971 72 15 79 reservas@palaciocasagalesa.com, www.palaciocasagalesa.com *12 Zi.* €€€€

Hotel Sa Galesa: gepflegte Teatime im Salon

Hostal La Mimosa
Nicht mehr ganz Palma, noch nicht ganz Land. Die große Zahl der Stammgäste, viele Radler und Segler, bestätigt das Konzept: aktiv urlauben und in den schlichten, gemütlichen Zimmern entspannen.
(C 5, West) Palma (Ses Illetes/Sant Agustí), c/. Suècia 5, Tel. 971 70 32 23, Fax 971 70 75 84, lamimosa@mallorca2000.com, *15 Zi.* €

Hostal San Lorenzo M
Verschachtelte Treppen, verschwiegene Terrassen, Kachelböden und -wände, Designerstücke und Antiquitäten: Da ist in dem Stadthaus aus dem 17. Jahrhundert für mehr als sechs Zimmer kein Platz. Rechtzeitig reservieren.
(a 3) c/. Sant Llorenç 14, Tel. 971 72 82 00, Fax 971 71 19 01 info@hotelsanlorenzo.com www.hotelsanlorenzo.com
6 Zi. €€

HOTELS UND HOSTALS | NORD

Hotel Cala Sant Vicenç M
Die Bucht ist klein und ein wenig vernachlässigt, dafür aber kaum belebt. Zu jedem Zimmer des Hotels gehört ein kleiner Salon. Service und Komfort sind erstklassig, und der Garten wird schnell zur zweiten Heimat.
(G 1, Nord) Port de Pollença, c/. Maressers 2, Cala Sant Vicenç, Tel. 971 53 02 50, Fax 971 53 20 84, info@hotelcala.com *36 Zi.* €€€

Hostal Corro
Mitten im Ort gelegen, gern von Sportlern, Bergsteigern und Naturfreaks angesteuert. Nach spätestens zwei Tagen weiß man die familiäre Atmosphäre zu schätzen.

Mit aristokratischem Ambiente: Halle im Hotel Son Brondo

(C 3, West) Valldemossa
Straße Palma – Valldemossa
km 14,3, Tel. 971 61 22 58
Tel./Fax 971 61 61 90
Ecobrondo@terra.es *6 Zi.* €€€

Pension Miramar

In diesem Haus mit wunderschöner Lage fühlt sich der Gast schnell heimisch. Einfach, familiär, zum Bleiben.
(D 3, West), Deià, c/. Can Oliver s/n
Tel./Fax 971 63 90 84
Dez.-März geschl., 9 Zi. €

HOTELS UND HOSTALS | OST

Ca'n Moragues M

Das große städtische Herrenhaus aus dem 17. Jahrhundert ist im Country-Stil mit Sisalböden und karierten Sofas eingerichtet. Pool im Innenhof.
(I 3, Ost) Artà, c/. Pou Nou 12
Tel. 971 82 95 09
Fax 971 82 95 30
hotel@canmoragues.com
www.canmoragues.com
8 Zi. und Suiten €€€

Finca Na'Set Centes M

Schmucker Bauernhof mit vier Zimmern im Landhausstil. Rundherum Landleben mit Schafen und Hühnern.
(I 3, Ost) Artà, Straße Artà – Canyamel km 2,7
Tel. 971 83 54 29
Fax 971 82 91 83
finca@nasetcentes.com
www.nasetcentes.com *4 Zi.* €€

Hotel Ses Rotges

In dem hübschen, 200 Jahre alten Herrenhaus mit Eckturm und Bogenfenstern wird gediegen gewohnt. Bester Service ist selbstverständlich. Das Meer liegt vor der Tür.
(J 3, Ost) Cala Rajada
c/. Rafael Blanes 21
Tel. 971 56 31 08, Fax 971 56 43 45
hotel@sesrotges.com
www.ses rotges.com *Nov.-Mitte März geschl., 24 Zi.* €€

Hotel León de Sineu

Der „Löwe von Sineu" ist ein altes gründlich restauriertes Dorfhaus: Die Gäste haben viel Platz in den großen Zimmern mit Deckenbalken, alten Kacheln und mallorquinischen Möbeln. Das Haus wird sehr gut geführt.
(F/G 4, Ost) Sineu, c/. dels Bous 129, Tel. 971 52 02 11å
Fax 971 85 50 58
reservas@hotel-leondesineu.com
www.hotel-leondesineu.com
Nov. geschl., 10 Zi. €€

Gemütliches Tonnengewölbe: das alte Dorfhaus León de Sineu

Hotel San Salvador M

Stadtpalast im schönsten Jugendstil, der dem Kölner Schauspieler Christopher Heufken gehört. Teils plüschige, teils mit schriller Kunst ausgestattete Gemächer. Sehr beliebte Bar. Es gibt Auftritte und Austellungen.
(I 3, Ost) Artà, c/. Castellet 7
Tel. 971 82 95 55, www.santsalvador.com *8 Zi.* €€€

Romantisches Sehnsuchtsmotiv für Maler und Millionen Besucher: Die Kreidefelsen auf Rügen

Das Hoch im Norden. Die Küste Mecklenburg-Vorpommerns – Leuchtturm unter den Sommerzielen

Musikland im Glück: Junge Elite prägt die Festspiele Mecklenburg-Vorpommern

Mecklenburg-Vorpommern – Die Küste

Aus dem Inhalt dieses Heftes:

- Meerwert pur: Darß, Hiddensee, Rügen, Usedom
- Spaziergänge: Rostock, Wismar, Stralsund, Greifswald
- Nordische Gotik: Bonus für Backstein
- Strandleben: Binz und Warnemünde
- Festivals: Sommer der höchsten Töne
- Natur: Warum die Insel Vilm so unendlich schön ist

Freuen Sie sich auf die nächsten MERIAN-Ausgaben:
Umbrien/Marken, Kroatien, Sylt, Gardasee/Oberitalien

Zuletzt erschienen:

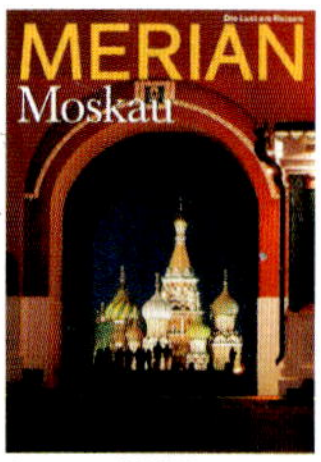

Januar 2003

Dezember 2002

November 2002

Oktober 2002

September 2002

August 2002